朝日新
Asahi Sh

生き方の哲学

丹羽宇一郎

朝日新聞出版

まえがき

八〇歳を過ぎて、日課の散歩中、自分の人生や人間の在りようについて考えることが多くなりました。

自分はどういう生き方をしてきたのか。

そもそも人間はどんな生き方をしようとしているのだろうか——。

そんな折も折、衝撃的なニュースが飛び込んできました。二〇二二年二月、ロシアによるウクライナへの軍事侵攻です。

世界のどこかで思いもよらぬ戦争が起きます。

どんな戦争でも例外なく、表には現れない裏が付きものです。しかし、どんな理由があれ、戦争による殺戮《さつりく》と破壊のニュースに接するたびに私たちは深い悲しみを覚え、大国の為政者の横暴を知るとき、強い怒りを感じてきました。

そして深い嘆息を交えて、

「人間は何にも変わらんなぁー」

「人間って、いつも同じようなことをして、どうしようもなく進歩のない愚か者だ」

と心の中で思うのです。

二度にわたる世界大戦で私たちは言語を絶する惨禍を経験したにもかかわらず、世紀が変わっても、懲りずにまた同じ過ちを繰り返そうとしています。

遠い国の戦争のことだけではありません。自分たちの社会生活を顧みても、大方の男が威張って上下関係が幅を利かすタテ型社会や、責任の所在があいまいな無責任体制はいっこうに変わっていません。

女性の社会進出も掛け声だけは盛んですが、遅々として進んでいません。

仕事や会社だってそうです。経営論がさまざまに議論されてきましたが、相変わらず同じような不祥事を起こしては、同じように経営陣がいっせいに頭を下げて謝罪しています。

やっぱり私たち人間は、今までと同じようなことを繰り返しているのです。

いや、そんなことは戦争や会社を持ち出さなくても、私が四〇年以上、毎日つけてきた「一〇年日記」を開けば一目瞭然です。

一〇年日記は各年の同じ月日に何をしたか、一ページ開くたびにわかります。

最近もパラパラとめくってみましたが、自分の生活や考え方が一〇年前、いや四〇年前とほとんど何も変わっていないことに我ながら呆《あき》れてしまいました。

「やっぱり人間は心細い愚か者や。同じことしかしてないじゃないか」

人間そのものが変わっていないのだから、いくら組織の制度や仕組みをいじっても、国も会社も生活も変わるわけがありません。

それらを動かしているのは、紛れもなくわれわれ人間だからです。

国民が動かなければ国は動かないし、社員が動かなければ会社は動きません。

だから、問うべきは国家でも会社でもなく、人間そのものです。

人間はどういう動物で、どういう生き方をしているのか。

未来に向けて、われわれはどういう生き方をしていけばいいのか。

一人ひとりの「生き方の哲学」が問われているのです。

人間にとって、仕事とは何なのか。

お金とは何なのか。

幸福とは。成功とは。老いとは。死とは――。

本書では、いろんなことが起きる人生の中で、われわれが生きていくうえで直面する根っこの問題について、私の限られた知見と経験をもとに考えていこうと思います。

さぁ、あなたもみんな同じ人間、一緒に歩いてみましょう。

そして、生きている間、忘れないように一つだけ心に刻んでおきましょう。

「われわれの人生、誰でも豊かな、幸せな時がある。そして、これからも皆一人ひとりの心に響く感激、感動に出会うときがきっと来る」

生き方の哲学・目次

第1章 「ペン」より「パン」――人間はお金を常に求める動物だ

第2章 仕事——働くことは生きること

第3章

成功――出世を目ざして出世したヤツはいない

第4章 覚悟――死ぬまでベストを尽くせ

第5章 生きる――いつも自分の心に忠実に生きよ

第1章

「ペン」より「パン」
――人間はお金を常に求める動物だ

お金なしで幸せと言えますか？

「生き方の哲学」を考えるとき、見据えておかなければいけないのは、私たち「人間」について、です。

「私たちはどのように生きるのか」という問いは、「私たちはどのように生きてきたのか」ということであり、それはつまるところ、「人間とは何か」という問いにつながります。

「人間とは何か」という問いは、

「人間は何のために生きているか」

「人間は何を求めて生きているか」

という問いに読み替えることができます。

人間は何のために、何を求めて生きているんだろうか。

多くの人はこう答えるのではないでしょうか。
「人間は幸せを求めて生きています。幸福になることが生きがいであり目標です」と。
では、こう問い直しましょう。
人間は何があれば幸福なんだろうか。
あなたの言う幸福とは何ですか。
あなたは何があれば幸福を手にすることができるんでしょうか。
友達ですか。
家族ですか。
それとも、お金ですか。
正直に飾りなくいきましょう。つまるところ、人間が求めるのは人なのか、金なのか。
お金があれば、欲しいモノが何でも買えます。
「でも人間の幸福は持っているお金の多い少ないではありませんよ」
「人生はお金じゃない。心であり生き方です。人と人とのつながりです」

あなたはそう言うかもしれません。

でも、お金がなければ、何もできないじゃないですか。

食べていくことも、子どもを育てていくことも、自由に遊ぶことすらできません。

具体的に考えてみましょう。

たとえば、年収二〇〇万円とか三〇〇万円で生活している家族にとっては、毎日生きることで精一杯。日々お金に追われる暮らしです。

友人とお酒を飲んで楽しむことも、ちょっと息抜きのために家族で旅行に行くこともできません。

そうして六〇歳、七〇歳まで生きてきて、大した貯蓄もありません。もし病気になっても、十分な医療を受けることもできません。

それで幸福と言えるでしょうか。お金がなくて何ができるのでしょうか。幸せも何もあったものじゃない、ということになりませんか。

となると、人間って結局、お金ですか。

あなたならどう思いますか。

「いや、私はもはやお金だとは思いません。平均以上の収入があり、もう二〇〇〇万円ぐらい貯金がありますから」

そうですか。そうすると、もうお金はいらない、というわけですね。

「いやいや、そういうわけではありません。家族が突然、病気になることだってありますから。あと一〇〇〇万円ぐらいは貯金がなければ、安心はできません。金はもういらない、どうでもいい、というわけにはいきません」

ということは、家族と一緒に仲よく暮らしていても、気の合う友だちがたくさんいても、趣味・道楽を思いきり楽しめても、いざというときは、やっぱりお金がなければ安心できないということですか。

立派な思想を抱いていても、心の平安を保っていても、いざというときは、お金が必要になります。

私は幼いころから、祖父母に言われたものです。

「お金は大事にしなさいよ」

と。なぜ大事にしなければいけないのでしょうか。

「人間とは何か」を考えるとき、あるいは自分の人生を考えるときに、お金は「生老《しょうろう》病死《びょうし》」と同じくらい大切なテーマではないでしょうか。

いくらあれば満足できますか？

金融庁の金融審議会「市場ワーキング・グループ」による報告書（二〇一九年）が、「老後の三〇年で約二〇〇〇万円が不足する」という試算を示しました。

これは「老後二〇〇〇万円問題」として広く知られることになりました。

「根拠となるデータがあいまいだ」

「平均値を自分の世帯に当てはめても意味がない」

「二〇〇〇万円に介護費用は含まれていない」

などと物議を醸しました。

老後は二〇〇〇万円あれば、安心なのでしょうか。

「うちは二〇〇〇万円以上、貯金があるから心配いらないよ。もうお金はいりません」

そんなふうに言う人がいるのでしょうか。

ほとんどいない、と私は思います。

長い人生、これから何が起こるかわからない。お金はあるに越したことはない。もう少し貯《た》めておきたい――そう考えるのが普通じゃないでしょうか。

「一生、幸せに暮らすためには、もちろんある程度のお金は必要です」

では「ある程度」って、いくらですか。

五〇〇〇万円。

一億円。

そうですか。ならば五〇〇〇万円を稼ぐまで、あるいは一億円を貯めるまで「人間はお金がいちばん大事」ということになるのでしょうか。

だとしたら結局、一生、お金を求めて生きていることになりませんか。

そうすると、人によって、あるいは年齢によって、多少の違いはあっても、やっぱり「人間、お金」ということになってしまうのでしょうか。

私はそのことについて、よくよく考えました。

お金が捨てるほどある人は別ですよ。超のつく大金持ち。でもそれは、ごくごく限られた人でしかありません。

私がここで考えたいのは、「ごく普通の人」についてです。

要するに、日本社会のほとんどを占める中間層から低所得者層の人々です。

さらに具体的に考えてみましょう。

国税庁の二〇二〇年分の民間給与実態統計調査によると、日本人の給与所得者の平均給与は四三三万円。厚生労働省の二〇一九年、国民生活基礎調査の概況によると、年金や財産所得などを含めた一世帯あたりの平均所得金額は五五二万円、より実態に近い中央値は四三七万円です。

さて、年収が五〇〇万～六〇〇万円以下で、自分の退職後や引退後に、

「もうお金はいいから、これからは家族や友人との生活を楽しんでいきたい。心の豊かさを求めたい。それが自分の人生の目的です」

そんなふうに言える人が、いったいどれくらいいるというのでしょうか。

やっぱりある程度のお金がなければ不安だし、いざというときに困ります。

五〇〇万円あった貯金が七〇〇万円になりました。それだけでは自信がありません。

七〇〇万円が一〇〇〇万円になりました。できればもう少しあったほうが……。

人間はいったいどれくらいあれば、

「お金はもういいです」

と言うのでしょうか。

あるいは、永遠に「お金はもういいです」とは言わないのか。

「なんだかんだ言ってもお金が増えることは幸せです」

では友人や仲間を犠牲にしてでも、お金を増やそうとするのでしょうか。

「いや、お金が増えたら、友人も寄ってくると思いますよ。逆にお金がないと、友人は離れていくような気がします」

やはり、お金に対する考え方が人間の「生き方」を決めていくんじゃないでしょうか。だから「人間は何を求めて生きているか」という問いに、私は身も蓋もなく、答えざるを得ないと思っています。

「心飾りなく正直に言えば、人間、行き着くところは**お金**です」

と。どうでしょう。異議のある人はいますか。

入社一年間はネクタイ一本の生活

かく言う私自身は、私生活においてお金についてまったく無頓着であり、恥ずかしながら、四〇歳近くまでお金について真剣に考えたことや直面したことはなかった気がします。

だから、わが家の財政はすべてワイフに任せっきりで、お金がどこにいくらくらいあって、毎月いくらくらい入り、出ていっているのか、昔から今に至るまでさっぱりわかりません。

私の生殺与奪《せいさつよだつ》の権を握っているのはワイフであり、彼女なしには生きていけません。だから私はワイフには死ぬまで頭が上がらない、というしかないんです。

私のようなお金のことを考えたことのない人間が、

「やっぱり人間はお金だ」

とは、おこがましくて言えないのかもしれません。ワイフからは「説得力ゼロ」と言われるでしょう。

私のことをよく知る人からは、

「ええー!?　丹羽さん、あなた、『人生は金だ』、『人間は金だ』とずーっと思ってきたの？」

と驚かれそうです。

しかし、歳《とし》をとって働く力が衰えれば、いずれ生活するためのお金のことを考えるだろうと思っていたんです。

そして「お金のことを考えたことのない人間」だからこそ見えてくる「お金のこと」についての一言、二言はあるはずです。

少し私の人生を振り返ってみます。

私は会社に入ったときから一年間は、スーツ一着、ネクタイ一本で平気で通しました。今の生活と比べてはいけません。六〇年くらい前のことです。

「丹羽さん、いつも同じネクタイだけど、もしかしたら一本しか持ってないの?」

「そうだよ」

あわれんだのか、「まったく、どういう人なんだろう」と女子社員が一本、プレゼントしてくれました。

「靴下はどうしていたの?」

靴下は同じ独身寮に入っている同室の先輩と共有していました。二人とも洗濯なんか

めったにしないので、

「これ、臭いな。おまえの靴下、ちょっと貸せよ。洗濯したら、おれのを貸してやるから」

そうすると、左右が違う靴下を履いて出社していることもしょっちゅうです。

「だって、どうせズボンで隠れてわからないだろう」

「バカ言いなさい。座ったら、すぐにバレるわよ」

本当にひどい格好を平気でしていました。

結婚してから、ワイフがスーツをはじめ衣食住のすべてを揃《そろ》えてくれて、おかげで人間らしい生活をするようになりました。

そういえば、知人の少ないニューヨークに駐在していたころ、散髪はワイフにしてもらっていました。

素人なものだから、バリカンで、本人の見えない一部が十円ハゲよりも大きく刈られてしまったことがありました。同僚にそれを指摘され、仕方なくマジックで黒く塗ってもらい、出社していました。

これはお金の話というよりも、見た目を気にしない無頓着、という話ですね。

帰国して課長になっても、自宅は郊外の住宅街にある普通の一軒家。マイカーは長年、大衆車のカローラでした。

社長になろうが、会長になろうが、そこらあたりはまったく変わりません。

社長時代も、見かけ、外見は気にしない。自分が接待で飲むワインでも、だいたい一万円以下のおいしいものと決めていました。

収入と連動しない私生活

自らの生活を振り返ったとき、あえて恥辱も顧みず言ってしまえば、

「お金のことはいっさい知らない。考えたことがない」

という態度で生きてきました。

「つまりお金で苦労していない、ということだろう。それはそれで幸せじゃないか」

と人は言うでしょう。

そうかもしれません。でもお金で苦労していたとしても、そのときお金がたくさんあれば自分は幸せだったかというと、私の場合はそこに幸せを感じなかったように思います。

私は自分の給料の範囲内で生活をしてきました。

しかし、課長、部長、社長と収入が上がるに従って、それに見合う生活をしてきたかというと、まったくそんなことはありません。

そもそも自分の収入をちゃんと把握していないのだから、収入が増えたから贅沢《ぜいたく》をしたり、生活のレベルを上げたりなんて思いつきもしません。

そこは昔から今に至るまでまったく変わっていません。

たとえば、若いころから貯金や資産運用には関心がなかったので、社長になるときも会社の株は一株も持っていませんでした。

「社長の保有する自社株がゼロというのは、いくらなんでもまずいだろう」

と言われて、まず三〇〇〇株を買うことにしました。

不良資産を一括処理した際、自分の給料を全額返上しました。それでもどうにか生活くらいできるだろうと高をくっていました。

ところが、今年の収入がゼロとなれば、前年の所得で決まる税金が支払えないことがわかり、会社に税金分の借金をお願いせざるを得なくなりました。

いくらお金があっても、ごく普通の生活を続けてきています。お金の多寡と生活のレベルがまったく連動していないのです。

でも、そういう生活をする人、そういう価値観を持っている人は、少ないように思います。

ご自分のことを省みてください。

周りを見回してください。

「お金があれば、やりたいことができる。欲しいモノが買える」

「やっぱりお金がないと何もできない。幸せになる近道はまずお金だろう」

良い悪いではなく、現実にはそう考えている人がほとんどじゃありませんか。

ビジネスマンはカネの匂いがしたほうが良い

私が「お金に無頓着」と言っても、それは私生活上の話であって、反対に仕事上は現金は見ないけれども、帳面上の大金との戦いでした。

それはそうでしょう。お金を稼がなければ会社は成り立たないし、借金をすれば返さなければいけません。お金が儲《もう》からないような商売が多くては、社員が路頭に迷うことは言うまでもないことです。

ニューヨーク駐在時代は、仕事として穀物相場を手掛けていましたし、副社長時代に手掛けた大きな仕事は、コンビニ大手ファミリーマートの買収（M&A）、すなわち現金を手にとって見ない、大金での戦いです。

バブルが崩壊して、不良資産を抱えて商社が儲からなくなってきたころから、私は商社の「利益の根源はどこにあるか」を考えていました。

商社が農産物や鉄、石炭といった生産資源を海外から買い付けて売る「原料の運び屋」として利益を得る時代は終わったんじゃないか。今までの商社は、まるで上級小間使いじゃないかとの悪意の声も聞こえてきたものでした。

これからの商社は、川上から川下まで、すなわち原料から小売りまで、すべての分野に一気通貫で投資していかなければ未来はないんじゃないか。

私には、これからは「消費の時代」が来るという確信がありました。そこで「利益の根源」として私が着目したのが、コンビニエンスストアでした。

そして一九九八年、副社長のとき、ファミリーマートの買収を決断したのです。

会社始まって以来の大きな投資でした。

結果的に買収は大きな成功を得て、自社の流通事業を一挙に拡大することになりました。

社長時代の最大の仕事は、バブル崩壊後、溜《た》まりに溜まった不良資産をすべて洗い出して、一挙に処理したことです。

日本中の企業が巨額の不良資産を持ちながら、そうした現実に目を背けていた時期です。

すべてが現生《げんなま》での勝負となれば、大部分の経営者の判断も家計簿の収入・支出の規模になっていくことでしょう。しかし現実はＶＲ（仮想現実）のごとき世界です。

「このままでは会社の未来はない」

切迫した思いに突き動かされた末の決断でした。

「会社が潰れたらどうするんだ！」

という内外からの猛烈な反対に抗しての措置でした。

一九九九年、不良資産を一括処理し、三九五〇億円の特別損失を計上しました。社長就任の一年半後でした。

日本の企業で、当時としては考えられないほど巨額の不良資産の一括処理を実行したのは伊藤忠が初めてです。「過去最高額の不良資産処理」として話題に上りました。

翌年は赤字を計上して初の無配となりましたが、その次の年には計算通り当時の過去最高益を達成しました。

私自身の社長時代は、相場、M&A、不良資産処理などなど、言ってみればお金との戦いに終始した感じがします。

私自身、ビジネスマンとしての能力、人材を見極めるためには、

「カネの匂いがするかどうか」

も商社の経営者の選任基準の一つにしていました。とくに商社の営業マンとしても大切な要素です。

「カネの匂い」って、どういうことか。

何をするにも「儲かっているか」「ナンボの話や」とお金をベースに考えることでしょう。

たとえば、役職について以来、ずっと変わらず儲けているかどうか。

新しい仕事をつくり出して、積極的に儲けようとしているかどうか。

どこから入ってきた金で、どこに使われているか、金の出入り口をしっかり把握しているかどうか。

すなわち、お金の管理をきちんとしているかどうか。

私はことあるごとに言っていました。

「ビジネスマンとしては、カネの匂いのしないやつはダメだ」

とくにトップに立つ人間は、この「カネの匂いがするかどうか」が重要です。

「お金は二の次。適当にやってくれ」

そんな社長が来たら、会社は早晩つぶれてしまうでしょう。

部下に発破をかけたものです。

「慈善事業をやっているんじゃないんだ。しっかり儲けなきゃダメだぞ！」

会社では、上に立つほどお金に無頓着どころか、徹底的にこだわり続けました。

お金の価値は生活レベルとともに変わる

「お金と幸福の関係」については、やっぱり古今東西で大きな関心事なんですね。収入の多寡と幸福度の相関関係については各国で調査がなされてきました。

年収八〇〇万円までは、収入に比例して幸福度が増えるものの、八〇〇万円を超えると、さほど幸福度は上がらない、という有名なアメリカの調査があります。幸福度が頭打ちになる金額が五〇〇万円という調査結果もあれば、一〇〇〇万円という結果もあります。

だいたい幸福度のピークは、日本円にすると、年収七〇〇万〜八〇〇万円といったところが「相場」でしょうか。

こうした調査が示しているのは、

「お金の価値は生活レベルとともに変わっていく」

ということです。

年収三〇〇万円だったのが、四〇〇万円に増えた。

その価値は、五〇〇万円から六〇〇万円に増えたときのものとは、同じ一〇〇万円でも違います。一〇〇〇万円から一一〇〇万円増えたときとは、もっと違うでしょう。

年収三〇〇万円のときだと一〇〇万円でも増えたら、家族みんなが喜んで、

「今日はお祝いで、みんなで肉を食べに行こう」

となるかもしれませんが、それが年収五〇〇万円となると、それほどありがたみは感じません。

私自身、ニューヨークで家族三人して暮らしているときは、いっぱいいっぱいの生活だったので、わずかな昇給で絨毯《じゅうたん》を買うだけでもうれしかったものです。

ところが、今まで欲しかった物がすべて手に入ってしまうと、

「そんな絨毯、いつでも買えるじゃないか」

となります。すでにお金の価値が違っているのです。

たとえば、年収二〇〇万円しかない低所得者が年収一億円の高所得者に向かって言い放ちます。

「一億円もあるのなら、そのうちの一〇〇〇万円くらい貧乏人に寄付したらどうですか」

そうですね。そう思うのは当然でしょう。

でも違います。

一億円を得ている人は、自分の人生を豊かにするために「一億円の生活」をしているのであって、「二〇〇万円の生活」とは根本的に異なります。

お金持ちにはお金持ちの生活があり、お金持ちの幸せがあります。

お金の価値は生活レベルとともに変わっていくのです。

年収八〇〇万円を超えると、もはやそんなに幸福度は上がりません。

「だとすれば、年収八〇〇万円に達したら、もうお金は十分ですか」

「いや、十分とは言えません」

「では、一〇〇〇万円に達しました。もういいですか」

「いや、まだだめです」

年収八〇〇万円なら八〇〇万円なりの生活があり、一〇〇〇万円なら一〇〇〇万円なりの生活があります。

貧しい者には貧しい者の幸福感、金持ちには金持ちの幸福感があると思います。

高級車に乗って毎晩、三ツ星レストランで散財している家族と、軽自動車に乗って、たまにファミレスで家族団らんを楽しむ家族。幸福度に違いがあるでしょうか。

お金が入ってくれば入ってくるに従って、生活と同じように価値観も変わってくるのです。同じ金額だからといって、同列に論じることはできません。

お金の価値、お金の強さは、生活と連動して変わっていく、ということです。人間が年齢とともに成長するように、お金も成長しているのです。

加齢に伴っても、お金の価値は変わるでしょうね。

若いころは、月に一〇万円かかっていた食費が、歳をとって五万円で済むようになった。そのぶん自由になるお金が増えた——。

それだけでお金の価値がガラッと変わります。

そして、そうした変化は死ぬまで続きます。

大企業の一〇〇万円と中小企業の一〇〇万円は違う

お金の価値は、時と場合によって変わる。

そのことは、ビジネスの現場にも言えることです。

たとえば、大企業の一〇〇万円と中小企業の一〇〇万円では、まったく価値が違います。

私が四〇歳くらいのときの話です。

自分が親しくしてきた関連の取引先企業が、資金繰りに行き詰まってしまいました。

課長の私にとっては大した額とは言えない金額が、取引先企業にとっては一カ月以上の予算になることもあります。

「今、お金を工面しなければ、会社が倒産してしまいます」

そう相談された私は申し伝えました。

「わかりました。あなたがそこまで困っているなら、私の会社が支援しましょう」

その小さな会社は、そのときは苦境に陥っていましたが、将来は必ず伸びる会社だと私は思っていました。

相手は会社の社長でしたが、長いつきあいで、

「ウソをつくような人間ではない。この男なら会社を立て直すだろう」

という確信がありました。

部長決裁も取らずに私の独断で支援することにしました。私からすると、自分の課は予算の倍以上の利益をあげているのだから、ある程度融通しても許されるはずだと考えたのです。

すると、管理部長からお呼びがかかりました。

「君、決裁を見たら、『支援』とか『補助』とか書いてあるが、そんな判断、誰が出したんだ」

「私が出しました」

「課長がそこまでの金を一人で決裁できると思っているのか！」

こっぴどく叱られました。

でも、もし部長に相談していたら、

「予算があるんだから、そんなの出せるわけないじゃないか」

と突っぱねられるに決まっています。だから独断でしたんです。

ただ、私に言わせれば、伊藤忠の五〇〇万円と相手の五〇〇万円はまったく価値が違います。相手の会社が生きるか死ぬかのときに快く支援すれば、将来の伊藤忠商事に大きな財産を残すことになるはずです。

実際、相手は、

「伊藤忠商事さんのことは生涯、忘れません」

と言ってくれ、与えたお金はその後、何倍にもなって返ってきました。

傍《はた》から見れば、ちょっとした成功談に聞こえるかもしれませんが、会社にしてみると規律違反の所業です。

「おまえはドロボーと警察を同時にやれると思っている。課長がオールマイティーと思っているのか。まるで社長の気分だ。普通ならクビだ！」

処罰こそ受けませんでしたが、そう釘《くぎ》を刺されました。

人を喜ばせるお金の使い方

私が民間で初の中国の特命全権大使になったのは、二〇一〇年です。伊藤忠の相談役だったときでした。

当時の自分の報酬なり給料がいくらだったかは、例によって正確には知りません。

いずれにしても、相談役から大使になった途端、伊藤忠は退職、その他の役職もすべて「一身上の都合」での退職としなくてはなりません。

大使の月給がいくらだったかも知りません。それも基本給はすべてワイフに渡し、単身で中国に駐在していた私は海外手当だけで生活することにしました。

しかし、それだけではやりくりできません。足りなくなったら、日本から送金するようワイフに打診していました。

ところが、もともと強かった円がさらに強くなったため、為替レートの変動によって中国での貯金が増えるようになってきました。

貯まったお金をどうするか。

それらは自分の懐に入れるのではなく、すべて中国の明日を担うみなさんのために使おうと思いました。

中国では若い学生たちがお金に苦労して懸命に勉強していました。いわゆる苦学生です。

農村部では牛一頭が家族の最も大きな財産です。その虎の子の牛一頭を売って、ようやく子どもが大学に入学できるようになります。牛を失った家族は、またゼロから働いて、食べていかなければなりません。

そんな話を耳にするたびに、貯まったお金は日本に持ち帰らずに、すべて置いていこうと思いました。

実際、離任するときに中国の大学機関に少額ながら全部寄付してきました。

大量の蔵書は、日本での老後の楽しみのためのほんの一部を除き、すべて中国の大学に寄付して、「丹羽文庫」として青年たちの学びに資するようにしてきました。

帰国後、自著を出版した際の著者印税は、中国から来日する私費留学生への奨学金として使用してもらうように日本中国友好協会に寄付することとしました。

未来を担う青年たちが、

「おかげで私は大学で四年間、勉強を続けることができました」

「日本の友好協会のことは一生忘れません」

そんなふうに喜んでくれることが、元特命全権大使や友好協会の会長としては、いちばんうれしいことです。

それは伊藤忠時代、たとえ上司から怒られても、取引先の企業に資金を支援したのと同じ考えです。

社外役員をしていた時、その報酬は税金分を差し引いて、青少年の健全育成のために設立された伊藤忠記念財団にすべて寄付してきました。

社長、大使、社外役員。自分が働いて、その報酬をもらう。その範囲で生活するのは当然です。

しかし、それを超えて給料以上の収入があれば、周りのみなさんに協力していただいた結果として手にするお金です。

せっせと働いて稼いだお金のように見えて、それはおまえ一人のものじゃないだろう、会社があって初めて自分があるのだから、給料以外は会社のために使ってください、ということです。

仕事の報酬である給料以外のお金があるとすれば、社会や人々に役立つことに使うのが正道です。立派な行為に見えるかもしれませんが、自分の生活はしっかり確保したうえでのことです。そんなに誉《ほ》められるほどの話ではありません。

人生をかけて頑張っている多くの人々に少しでも喜んでもらうことは私にとってもうれしい、ということです。

でも寄付にしても贈与にしても、考えてみれば、手元に余分なお金がなければできなかったことです。

見方を変えれば、お金は自分の欲しいモノを手に入れるだけではなく、使い方によっては他人に幸せと喜びを与えることもできる、ということです。困っている人を救うことができるのもお金なのです。

良いお金儲けと悪いお金儲け

かつて、記者会見の席で公然と、

「お金儲けは悪いことですか？」

と問いかけた投資家がいました。

二〇〇六年、〝ハゲタカ〟などと呼ばれた投資ファンドによる企業買収が世の中を騒がせた時代です。

「人間は結局、お金だ」と私が言えば、

「では、あなたはお金儲けを勧めるわけですね」

と聞かれそうです。

私はそんなことは言っていません。

お金儲けが良いか悪いか、必要か不要かは、条件や状況によって異なってきます。

お金儲けの良し悪しは、何を目的として、あるいは何と比較して、ということを考えることなしには判断できないでしょう。

「何をしても、お金儲けは良い」ということになれば、「人を騙《だま》してお金を儲けてもいい」ということになります。

たとえば、私利私欲に走って逮捕されたり、トップの座を追われたりする経営者。彼はなんのために会社のトップに就いたのでしょうか。

何を目的に金儲けをしたのでしょうか。

会社のトップに就いたからには、社員のため、会社のため、命をかけなければいけない。いざというとき、命をかけられないならトップに就くべきではない。私の揺るがぬ経営哲学です。

お金目当てで社長になるとしたら、それはあきらかに邪道です。

給料はあくまで命をかけて社長の仕事に尽くした結果としてもたらされるものです。だとすれば、私はお金儲けを無前提に「良いこと」と認めることはできません。それは目的によって「悪いこと」にもなりえます。

たとえ人助けとか人の支援のために稼いだお金が使われたとしても、それは本来の目的ではありません。余裕があれば人助けをするというだけのことであり、やはり個人的なお金を目的にして社長になるのは、邪道と言わざるをえません。

しかし一方で、こうも言えます。

「あなたは会社の将来のため、社員のために、社長業に命をかけると言いました。では、それはタダでかまいませんか？」

「イエス」と答える人はいないと思います。

お金のためではないけれども、お金がいらないわけではない。お金の一筋縄ではいかないところです。

八割は思想よりもお金を選ぶ

「パンはペンよりも強し」というのが、私の持論です。

人間はまず「パンの時代」から始まります。

つまりは生きるために食べていかなければいけません。食べるためにはお金がいります。これが原点です。

形而下《けいじ》のパンが十分に手に入って初めて「ペンの時代」、つまり思想、信条といった形而上の世界を求めるようになるのです。

国家の運営もこれと同じで、まず国民の最低限の生活レベルを維持するパンからスタートすることは古今東西、変わりません。

パンが行き渡り、お腹が満たされて、初めて次のペンの心に動くのです。

いくらエラそうなことを言ったって、食べることができなければ、人間、思想も信条もありません。

「衣食足りて礼節を知る」

「パンはペンよりも強し」

というのは、そういう意味です。

とはいっても、パンの時代は絵の具でひとハケ塗るように、すぐさまペンの時代に移行できるわけではありません。

社会も経済も教育も、みんな人間が担っている限り、生き物だからです。公式通りにはいかないし、時間もかかります。

とくに中国のように何億人という中間層を抱えている国はなおさらです。

日本は今もＧＤＰ（国内総生産）はアメリカ、中国に次いで世界第三位の地位にあり、国家としてはパンの時代を過ぎてペンの時代に入っています。

しかし、給与だけで生計を立てている人に、「パンかペンか」と尋ねれば、多くはまだ「パン」と答えるのではないでしょうか。

仮に、社会の二割が「金持ち」、二割が「貧乏人」、残りの六割がその間の「普通」とするなら、普通以下の八割の人々は、かなりの割合でペンではなくパン、すなわち「思想」よりも「お金」を選ぶのではないか、と私は思います。

そしてお金を十分に蓄えている上澄みの二割にしても、その一部あるいは多くは、やっぱりさらなるお金を求めるのではないでしょうか。

「命もいらない、名誉も地位もいらない、金もいらない。そんな人間は始末に困る。始末に困る人間でなければ、国家の難局は乗り切ることができない」

西郷隆盛はそんなふうに言いました。

そして、自らの思想に生きる人間たらんとしました。

しかし、私は西郷さんに聞いてみたい。

「あなた、本当にお金がなくていいんですか。どうやって食べていくんですか。どうやって家臣を食べさせていくんですか」

彼が思想に生きることができたのは、支持者たちの経済的なバックアップがあったからでしょう。衣食住、交通費の支援には当然、お金が必要だったはずです。

「武士は食わねど高楊枝《たかようじ》」

いやいや、カッコはいいけれど、やっぱり、

「腹が減っては戦はできぬ」

パンあってのペン、お金あっての思想ということです。

資本主義は終わらない

パン＝お金を求めるほとんどの人間にとって、資本主義という経済システムはうまく適合してきました。

パンをいくらでも欲する人間の欲望に伴って、資本主義もとどまることなく成長してきました。

近年、社会的な格差拡大、過剰な消費、地球規模の環境破壊など、私たちは資本主義がもたらす深刻な危機に直面しています。

それに応じて、「資本主義の危機」「資本主義の限界」「資本主義の臨界点」「行き過ぎた資本主義」といった言説が盛んに繰り広げられるようになってきました。

国民が「競争」でなく「共有」する、水、空気のごとく平等に無料で消費できる「コモン」（共有財）を基礎とした新しい資本主義の時代が到来するとの説が評判のようです。

あるいは、資本主義を駆動するエネルギー源である「人間の無限の欲望を疑え」といった言説も散見されます。

しかし、私に言わせれば、人間の欲望を原動力とする資本主義は限界も臨界点もありえず、すべてが競争と成長であり、人間が主人である限り、成長・発展はとどまることなく永遠に続きます。

そして、欲望と競争を元にした成長・発展がないかぎり、「コモン」のような自由平等も実現しないのです。パン（成長）があってこそ、はじめてペン（自由平等）の世界に至るのです。

資本主義を動かしているのは、ほかならぬ人間であり、その人間が常に豊かさを求めるという根本において変わらない限り、今の資本主義も本質的には変わらないからです。

「資本主義の成立には、新しい商品や新しい市場による需要が必要だ。新たなフロンティアが限界に達しつつある今、資本主義は限界を迎えている……」

いや、そんなことはありません。

人間はモノによってのみ幸せになるわけではありません。

新しい食べものや新しい乗り物、新しいレジャーがなくても、競争・成長で幸せを感じることはできます。

人間は常に幸せを求めます。そのために豊かさを求めます。

人間が豊かさを求める限り、豊かさを求める心が変わらない限り、成長、欲望、競争という資本主義の精神は永遠に続くのです。

人間に幸せを与える「豊かさ」の中身は、時代によって変わりますが、それは何をおいてもまずパンであることは時代を問わず変わりません。パンが満たされたうえで、現代の豊かさを実現させるのは競争・成長の心であり、自由であり平等の精神でしょう。

戦争の時代なら、平和と安全、安心を求めるかもしれません。

愛や友情、絆《きずな》というときもあるでしょう。

人間の心が成長すれば、欲するクオリティーは変わります。それは時代とともに豊かさの中身を変えていきます。

経済学者の小野善康氏によると、近年、将来何かを買うための貯蓄ではなく、お金の保有そのものに魅力を感じる人々が増えているようです。お金をモノに換えるためではなく、お金の保有そのものを経済活動の目的として考える。資本主義社会の中でお金に対する新しい価値観が生まれようとしています（二〇二二年四月一九日付朝日新聞）。

資本主義は、人間の生を豊かにしていくところにその存在価値があり、人間が新しいクオリティーの豊かさを望む限り、終わることはありません。

死ぬまでお金を求める動物

ここまでお金をめぐる話題をさまざまに展開してきて、読者からはこんなふうに問い詰められそうです。

お金が必要、お金が大事、お金、お金……と、丹羽さん、あなたはこれまでビジネスマンの心得として、繰り返し言ってきたじゃないですか。

「お金は追いかけると逃げていく」

「金銭的報酬を追いかけるな」

「お金が人間を幸福にするとは限らない」

「清く、正しく、美しく」

その通りです。そうした言葉を撤回するつもりはありません。

そして、ここまで言ってきたことと矛盾もしていません。

私の最初の問いは、

「人間とは何か」「人間は何のために生きているか」「人間は何があれば幸福なんだろうか」

というものでした。

人間はお金がなければ生きていくことができないし、自分の人生を思い通りにまっとうすることもできません。

これまで見てきたように、ほとんどの人間にとっては、「お金がいちばん大事」という結論に至らざるを得ません。

けれども、「人間は何のために生きているか」「人間は何があれば幸福なんだろうか」という問いに対して、

「人間、行き着くところはお金です」

と答える人に私は会ったことがありません。

「お金儲けをするのは良くない」

「お金、お金と言うのは、はしたない」

「お金は汚いもの」

そんな考え方は、今でも日本人の中に根強く残っています。

あなたは「人間は何を求めて生きているのか」「人間にとって幸福とは何か」と聞かれたときに、「お金です」と言えますか。

私はこう言いたいと思います。

「お金がいちばんという動物は人間だけです」

DNAが人間に最も近いと言われるオランウータンやチンパンジーにとっても、お金は単なる紙切れに過ぎません。犬も猫も豚もお金を大事にしません。人間だけです。人間は死ぬまでお金がいちばんとして生きていく唯一の動物ではないでしょうか。

お金は思想や信条と密接に関わる

私生活ではお金にほとんど無関心だった私が、「人間は金を求める動物だ」と考えるようになったのは、もしかしたら年齢とも関係があるかもしれません。

若いころは目の前の仕事以外なく、私生活でお金は頭にありません。長じて家族にある程度の財産を残しておかなければと思うようになってから、お金のことも考えるようになりました。

私はみなさんに、

「お金を大事にしてつつましく生きていきなさい」

と言っているわけじゃありません。

「現状に満足せず、もっと稼ぎなさい」

と言っているわけでもありません。

すでに述べたように、お金の価値は、死ぬまで自分の生活レベルや価値観によって変わっていきます。

お金の価値が、人生の価値にそのまま比例するわけではありません。比例はしませんが、お金の価値は変わってくるということです。

それは夫婦や家族、親族など人間関係や周囲の環境によっても変わってきます。

自分にとって大切な人が増えれば、彼らをできるだけ幸せにしたいと思います。幸せにするために、お金は大きな働きをします。

すなわち、お金は自分を喜ばせるだけではなく、人を喜ばせることができます。

人に喜んでもらうことが、また本人の喜びにもなります。

人を喜ばせる人は、みんなから感謝されます。

お金はそういう力を持っています。

ささいなことで言えば、孫にお年玉をあげるたびに「おじいちゃん大好き」と喜ばれるように。

つまり、お金はお腹を満たし、欲しいモノを買うという形而下のものとつながっているだけではなく、思想や信条、価値観、理念など形而上のものとも密接につながっているのです。

だから「生き方の哲学」を考えるとき、お金は欠くことのできない非常に重要なテーマであり、きちんと見据えるべきテーマです。

そのことを、まずしっかり肚《はら》に収めておきたいと思います。

第2章

仕事——働くことは生きること

ワークライフバランスなんていらない

「生き方の哲学」を論じるに当たっては、何にもまして「働き方」について考える必要があります。人生は仕事、仕事は人生そのものであり、働き方は生き方そのものだというのが、私の揺るがぬ信念だからです。

若い世代は「ワークライフバランス」という言葉をまず思い浮かべることでしょう。日本語に訳すと「仕事と生活の調和」。仕事＝人生ではない、仕事は人生の中の重要な一要素にすぎない、と。

それについて考えることから始めましょう。

内閣府が二〇〇七年に定めた「仕事と生活の調和（ワークライフバランス）憲章」では、仕事と生活の調和が実現した社会について、

「国民一人ひとりがやりがいや充実感を感じながら働き、仕事上の責任を果たすととも

に、家庭や地域生活などにおいても、子育て期、中高年期といった人生の各段階に応じて多様な生き方が選択・実現できる社会」

と記されています。

仕事がうまく回っていると、私生活でも心のゆとりを持つことができ、私生活が充実すれば仕事のパフォーマンスも上がる。そんな相乗効果を目指しているようです。

このワークライフバランスという考え方を、私はいつも眉に唾をつけながら聞いています。

「ワークは会社でするもの。ライフは家庭で味わうもの」という人が少なくありません。ワークライフバランスなんて、もしかしたら、そんなふうに仕事を狭くとらえて考えている人が言うことではないでしょうか。

実際、この言葉が定着してきた時期は、日本人のなかで汗にまみれて懸命に働くことへの意欲や情熱が衰え、

「出世しなくてもいいから平穏な生活を送りたい」

「暮らしていける収入があれば、のんびり暮らしていきたい」

といった〝安定志向〟の人たちが増えていった時期と重なります。

でも、本当に仕事をしている人は、家庭に帰っても仕事のことを考えています。ワークは職場、ライフは家庭と二極に分離して考えることなどできません。

私が考えている「仕事」とは、「働くこと」「労働すること」です。単に生計を維持するための職業だけを指しているのではなく、NPOなどの非営利活動でもボランティアでもいいし、家事労働も立派に仕事になりえます。

働くことは人間本来のありようです。人間は生きるために働くのではなく、働くために生きているのです。

すなわちワーク＝ライフ、仕事＝人生であり、生活です。

私は会社員時代に「仕事と生活の調和」など考えたこともありませんし、今も考える必要もないと思っています。

「じゃあ、家族との時間をないがしろにしていいんですか」

そんなことは言っていません。

「仕事一筋なんて高度経済成長期の生き方でしょう」

そんなことはありません。

誤解しないでいただきたいのは、私は「家庭を無視せよ」と言っているわけではないし、「みんな、私たちのように働け」と言っているわけでもありません。

仕事をガンガンやって、家庭も大事にする。それは理想的です。できる人はそうしているでしょう。

ただ、私の経験から言って、そんなことを完璧にこなすことはできません。

断言しますが、洋の東西を問わず、いつの時代も一流の仕事をしている人は、例外なく寝る間も惜しんで働いています。

何か一事を成すには、何かを犠牲にしなくてはならないからです。

私の場合は、仕事のために家庭を犠牲にしてしまいました。最大の犠牲者はワイフだったと思います。

「私は仕事を犠牲にして、家庭を大事にします」

けっこうです。それも一つの生き方です。

ただ、私はそれを選ばなかった、というだけです。家族だけが喜ぶのではなく、同僚や部下、取引先、お客さんが喜んで、結果的に昇進して給料が上がり、家族も喜ぶ。そちらを選びました。

何度も言いますが、ワーク＝ライフ、仕事は人生そのものであり、生活そのものです。両者はバランスを取るようなものではありません。

仕事が人生ならば、働き方が変われば人生が変わる、生き方が変わるということです。その生き方が、もしかしたら新型コロナウイルスのパンデミックで変わるかもしれません。これから、そういう話もしていきたいと思います。

コロナがもたらす「残酷な経済」

人間は昔からいつも同じことを繰り返し、生き方もいっこうに変わらない――。「まえがき」でそう書きました。しかし、新型コロナの感染拡大という経験を経て、もしかしたら私たちの働き方は変わらざるを得なくなるのかもしれません。

コロナ禍が私たちの社会にもたらした最も大きな変化は、貧富の格差拡大です。金持ちはさらに金持ちになり、貧乏人は貧乏人のまま変わらない。そして中間層は中間層以下に落ちてきつつあります。

要するに、二極分化が進んでいます。

少し時間軸をさかのぼってみると、二〇〇〇年以降、日本の各企業が利益をあげるに伴って急速に増えているものは、間違いなく株主への配当金です。

配当金が増えても、金持ちの懐がさらに潤うだけで、会社や経済全体の成長には株を持たない限り何の恩恵もありません。会社の儲《もう》けは直接従業員に分配されず、ほとんど株主の懐に吸収されていくわけです。

会社を成長させるためには本来、配当金ではなく、従業員の給料を増やし、新しい需要を喚起して、世の中にお金を回していかなければなりません。

ところが、日本の賃金は四半世紀前とほとんど変わっていません。

一九九五年から二〇一七年の約二〇年間に、労働時間あたりのGDPは、先進国を含む豊かな一一カ国では約三〇％成長していますが、日本における労働者の賃金は一％減少しています。これはゆゆしき事態です。

結果的に二〇〇〇年以降、日本における中間層の位置づけは下がり、コロナ禍がこの傾向をさらに進めました。所得が低い人ほどコロナショックの打撃が大きく、テレワークの広がりはその傾向に拍車をかけています。

これは日本だけではなく、世界的な傾向です。

一方でGAFAM（Google, Amazon, Facebook, Apple, Microsoft）のような巨大IT企業が莫大《ばくだい》な利益をあげています。

これも世界の経済成長に寄与しているとは言えないでしょう。しかもすべてアメリカの企業、日本にGAFAMのような企業は見当たりません。

世界で進む貧富の格差拡大がもたらすのは、金持ちと貧乏人という「消費者の二極分化」だけではありません。

企業は金持ちと貧乏人に向けて同じ商品を作るわけにはいきません。高級品を買う金持ちが多くなれば、高級品を作る生産者も多くなります。

つまり、これからの企業は、金持ち向けに作る会社と貧乏人向けに作る会社、あるいは金持ち向けに作る工場と、貧乏人向けに作る工場というように、生産体制も分離し、二極分化していくことでしょう。

消費と生産の構造が変われば、それに応じて経済社会の構造も変わらざるを得ません。金持ちと貧乏人向けのものを一緒に作る、一緒に売るなど、そんな不合理なことはできません。当然、店舗も住人も二分されます。

格差の拡大によって、生産工場と消費者市場が分離し、結果的に経済体制、社会体制が今以上に二極分化するわけです。

今、中国でもアメリカでも日本でも始まろうとしているのは、ある意味では、非常に残酷な資本主義経済です。

こうしたマクロな状況を押さえたうえで、もう少し視線を身近なところに移してみましょう。

テレワークで成果主義がやって来る

コロナ禍によって私たちの生活は大きく変わりました。

デリバリー・サービスやネットショッピングの普及、テレビ会議の一般化、住まいの脱都心傾向――。

働き方で言えば、最大の変化はテレワークに伴う在宅勤務の普及でしょう。

東京商工リサーチの調査では、企業のテレワーク実施率は、一回目の緊急事態宣言時には一八％から五六％へと上昇し、宣言解除後には低下して、二回目の緊急事態宣言時には三八％に再上昇しました。とくに大企業では、一回目の宣言時には八割以上がテレワークを実施しています。

総務省の調査によると、今後もテレワークを継続したいか尋ねた結果、「継続したい」「どちらかといえば継続したい」との回答が六六％に上っています。ＮＴＴグループが主要会社の約三万人の社員を対象に原則テレワークにするとの発表もありました。今後もこの制度を拡大するとのことです。

では、テレワークによって、いったい何が変わるのでしょうか。

まず、従業員それぞれの仕事の中身が明確になります。

これまでは、出社して、たとえば課長の指示に従って一〇人なら一〇人のグループで仕事をこなし、それぞれがどこで、どれだけ、どんな力を発揮して、この仕事をしたかはあいまいなままでした。

ところが、在宅勤務となると、そうはいきません。

何日の何時から何時まで何をどれくらいしたか。それはどんな成果をもたらしたか。それらが社員一人ひとりについて明確になり、人事や報酬に反映していきます。

要するに、徹底した「成果主義」が導入されるということです。

欧米流の成果主義は、社員を評価する際に「人物」よりも「仕事」を重視します。すなわち、人間関係やキャリア、経験よりも、目標をどれだけ達成して会社に貢献したかを測る評価方法です。

ニューヨーク駐在時代、私はアメリカの実績・成果主義を目の当たりにしました。アメリカでは「ジョブ・ディスクリプション」と呼ばれる「職務記述書」をもとに採用や評価を進めます。

それぞれの職務内容とその範囲、目的、権限・責任の範囲、成果のほか、スキルや技能、資格、経験、学歴などが記され、それによって採用や給料が決まっていきます。人事評価や求人時は、この書類をもとに、雇う側と雇われる側双方が報酬の交渉を進めるのです。

成果主義は、日本でも一九九〇年代から次第に導入され、私も社長時代に積極的に推し進めました。

ところが、日本の企業文化にはなじまず、なかなか定着していきません。日本の仕事のスタイルは、部単位、課単位のグループ主義であり、リーダーの下、チームプレーで力を発揮する「チーム経営」が主体だからです。

しかし、テレワークはそうした企業文化を突き崩していくでしょう。

「あなたは仕事をするうえで何を得意としていますか」

「どういうことを目標としているのですか」

これからは就職や転職の際に、そういうところが問われるようになっていきます。

そうすると、どうなるか。

たとえば現在の大企業や官庁の部長、課長の多くは、転職の際に雇用側に相手にされなくなるかもしれません。

というのも、彼らの多くは自分が何を得意としているのかわからない、というか、特別に得意なものがないからです。

「私は全体を見ながら統轄、監督してきました」

「二年ごとに部署を異動して、それぞれの仕事の内容の大枠を把握しています」

そんな漠然とした能力は、テレワークやリモートワークが日常化したポストコロナ下では通用しません。

それぞれが得意な仕事の分野と、仕事の目標をはっきり持つ。みんな同じ初任給でいっせいに入社する採用方式に代わって、特殊な能力やスキルを持っていると、初任給に能力給が加算される——。

これが新しい仕事の考え方になるでしょう。

そこで初めて本当の成果主義が実現します。

それぞれの仕事内容が明確になると、同じ職務内容には同じ賃金が支払われるという、「働き方改革」の柱となる「同一労働同一賃金」というルールも現実味を帯びてきます。

これまでは、同じ部署にいても、働き方や時間、成果は人によって異なり、実態をはっきり把握することはできませんでした。たとえば、同じ営業職でも、一日中パソコンに向かっている人もいれば、ずっと外出している人もいます。

「同一の労働」など現実には、日本の雇用形態ではほとんど机上の概念でした。

ところが、テレワークはそれを変える可能性を秘めています。

それが、コロナ禍がはからずも私たちにもたらした恩恵であり、その意味では新しい働き方の時代が到来する、と言えます。

新しい仕事では権限と責任が明確になる

テレワークによる在宅勤務、あるいはサテライトオフィス勤務、モバイル勤務が定着すると、成果主義や同一労働同一賃金が実現し、新しい働き方の時代が来る、と述べました。

それは、同じように入社して、同じように給料を得るという今の仕事のスタイルはなくなってくる、ということでした。

そうすると、まず浮上してくるのは「権限と責任の明確化」です。

日本の企業では、各部署の部長、部長代理、課長などの役職の権限と責任の範囲が実に曖昧模糊《あいまいもこ》としています。

組織運営の要は権限と責任です。

それらがはっきりしていないと、一つの事業について責任を負う範囲が見えず、無責任体制が常態化します。

事業が失敗したり、問題が生じたりしても、

「いや、自分にはその権限がないので」

と責任逃れができます。

責任の範囲がはっきりしていないため、互いに責任を追及することもありません。

かくて誰も責任を取らないまま問題はうやむやになり、そのまま放置されることになります。そして、失敗を未来に生かす貴重な機会を自ら失ってしまいます。

権限と責任がはっきり決まっていなければ、職場の責任者の判断にブレが生じ、職責を果たすことができません。

権限もなければ責任もとらない、かたちだけの上司に部下は「これほど楽な職責はない」と従っていくことを喜びます。そうして組織の運営も、お役所同様の年功序列となるでしょう。

こうした無責任体制は、会社経営に限ったことではありません。

戦争責任から始まって、巨額の財政赤字や年金問題、核のゴミ問題などに象徴されるように、日本社会の全般にわたって、年功序列制の無責任体制がはびこっていくことになります。

その一方で、事業を決定した者、責任者が決まっていないため、問題が起きると、

「誰がやった」

「誰が決めた」

と「悪者探し」が始まることになります。

日本の社会は、そろそろ自らの「いい加減さ」を自覚して、それぞれの権限と責任の所在と範囲を明確にする必要があります。

そうしないと、責任を取らなくていい上司の役職を、責任を取る制度に変革することには、過去と同じくこれからも誰一人として手をつけることはないでしょう。

どんな組織においても、成員それぞれの権限と責任を明確にして、失敗をした人間にはペナルティーを科す一方で、成功した人間には報酬を与えることです。

コロナはここにくさびを打ち込みました。

成果主義が定着すれば、各メンバーの職務内容と、その目的、権限と責任の範囲が明確にならざるを得ません。

権限と責任の範囲が明確になれば、それが役職や報酬に反映することになります。

新入社員にはほとんど権限も責任もありませんが、課長、部長になれば、そういうわけにはいきません。各プロジェクトについて、プラスかマイナスの報酬と人事が伴います。

たとえば、社長が経営に大失敗した場合は、その責任をとって辞任することは当然のルールとなるでしょう。

権限と責任の明確化とは、そうした覚悟をそれぞれに迫ることを意味します。

これからのすべての日本の会社には、この権限と責任をベースにした「憲法」が必要になるということです。

スペシャリストでなければ生き残れない

「これから仕事をするうえで何を得意とするかが問われる」と述べました。

それぞれが、その道のスペシャリストになる、ということです。

この分野だけは誰にも負けない、と言えるほどのプロフェッショナルになる、と言ってもいいでしょう。

ところが、日本型のトップの人事制度は長らくジェネラリストの育成をもっぱらとしてきました。

とくに国家機関、地方自治体、諸組織の幹部候補は、数年ごとに「営業部から経理部」「経理部から企画部」などと部署や担当業務を替えて、営業力や企画力といったスキルを習得させるほか、社内事情を理解したり社内外の人脈を築いたりさせるのです。ジェネラリストと言えば聞こえはいいけれど、言い方を換えれば「何もまともにできない」ということです。

さまざまなスキルの習得や業務の経験は少しはできるかもしれませんが、専門的なキャリアは形成しにくいシステムなのです。

ジェネラリストに「得意なこと」が一つだけあるとすれば、「社内のどこに行けば、求める仕事をできる人がいるか」「どのボタンを押せば、どの専門家が現れるか」を知っているということでしょうか。それはそれで会社には必要な能力ですが、他社では通用しません。

日本独自の終身雇用を前提に進化してきた人事制度ですから、終身雇用制度の衰退に伴って、この「ジョブ・ローテーション」（人材育成計画に基づく戦略的異動）の維持は難しくなりつつあります。実際、こうした制度を廃止する企業も出てきています。

現代では業務に求められるスキルも高度化しています。専門性を身につけることは、その業務のためにも必要になるでしょう。

少なくともトップになる人材はスペシャリストである必要がある、と私は思っています。

確かに全体を見渡す視点やマネジメント能力、組織をまとめる力など、トップには一定のジェネラリストの能力が求められますが、同時に時代に即したイノベーションを起こしていくためには、これまでとは異なる発想力を持つスペシャリストの能力も欠かせなくなります。

社内の人材配置を知っているだけではなく、自ら現場を見て自らの力で動ける分野を一つは持つことが必要です。

私の場合、会社におけるキャリアでは、一〇年も穀物・大豆を中心とした食糧畑を歩んできたので、世界の穀物庫と言われる地域の中心地ともなるニューヨーク時代は、専門家に負けないくらいその分野の新しい情報を集め、取材しました。

そのうち食糧をテーマに新聞・雑誌に寄稿をしたり、講演をしたりして、帰国後は業界からさまざまな呼びかけを受けるようになりました。

これからは、専門性の高い技術や資格を持っているかいないかによって、従業員も二極分化するようになるでしょう。それは正規、非正規にかかわらず、です。

自分の得意とするものは何ですか。

何を目的に働いていますか。

そのことはコロナウイルスが私たちに与えた教訓として、各業界の人々も忘れないようにしたいものです。

大事なことは記憶ではなく、記録に残す

自分の得意とするものは何か。

たとえば、一口に食料（加工食料品）・食糧（原材料）と言っても、さまざまな食料・

食糧があるのです。

食の分野のどういう領域か。自分の会社がいちばん力を発揮できるものは何か。その中で自分がどういう力を持てるか――。

自分の得意分野など、入社した新人時代はわかりません。

だから、与えられた職場で、与えられた仕事について普通以上に勉強して、知識を広げ深めていくしかありません。

そうして汗を流し、がむしゃらに仕事を続けるうちに、自分に何ができるか、何を得意とするかがわかってくるのです。

「入社して一〇年ほどはアリのように働け」といわれるのは、そういう意味です。

私の会社における感覚から言うと、二〇代の新入社員は、

「○○大学の××学部を出ました」

とわかったような顔をしていても、乱暴な言い方をすれば「野生のサル」みたいなものです。

要するに大部分の人は、社会人としてのルールについてはゼロ。何の教育も受けていません。

ましてや仕事における自分の能力や得意分野について、わかるはずなどありません。

「では、仕事の上で成長するにはどうすればいいんでしょうか」

私自身、よく尋ねられることです。

二つだけ助言します。

まず、自分の心に刻みつけるべきことをノートに書き留めておきなさい。

人間は忘れる動物です。誰にせよ、どんなに立派な話を聞いても、時間が経《た》てば、よほどのことがない限り、そのほとんどを忘れてしまいます。

今あなたが読んでいるこの本の言葉にしても、路傍の石のように頭の中から蹴飛ばされて、明日になれば九割以上を忘れているでしょう。

だから、忘れること自体を悔いたり嘆いたりする必要はありません。人間としては当たり前のことです。

ただ、「これは忘れたくない」と思ったことは、日記なり備忘録なりノートに書き留めておくことです。必ず成長の糧《かて》になります。

情報や知識だけではなく、全身が打ち震えるような感動、湧き上がるような喜び、血管がちぎれるほどの悔しい思いを、新鮮なうちに書き残してください。

そうでもしない限り記憶は朽ち、消えてなくなるものです。

私は新聞や雑誌を読んでいて「おっ」と心に留まったことはメモ帳に走り書きをして、あとでノートに書き写します。これを何十年と続けていくのです。

そうすると知識が広がります。知識を広げていくと、それに伴って、ものの見え方、考え方が違ってきます。知識を広げることで、見える世界が広がり、考えが深まるのです。

自分がしなければならないこと、心に約束したことも必ずノートに書き記します。

古今東西の偉人、賢人の多くが記憶すべきことを何がしかの形で残しています。

あなたも記憶ではなく、記録として残してください。

人間ほど忘れっぽくて、いい加減な動物はいません。

「正月になったらやろう」

「来年になったらやろう」

結局、やりません。三日坊主ならず、一日坊主もいっぱいいます。やれないことを自分に約束するからです。まず自分ができることを見極めて、書き記すことです。

気がついたことをノートに書く。これは今日からでもしてください。

毎日の読書が差をつける

第二に読書をすることです。

読書の効用は三つありますが、一つ目は、論理的思考力を養えることです。

物事を掘り下げて考える力、本質をとらえる力は読書をすることでしか得られません。

とりわけ仕事を進めていくには、論理的な思考力は必須と言えます。

たとえば、一つのプロジェクトを立案し、実行していくためには、上司や取引先を説得しなければなりません。

そのためには、そのプロジェクトの目的、顧客ターゲットと市場規模、収益性、成長の可能性、事業化までの期間、リスクなどを順序立てて組み立て、わかりやすく説明する必要があります。

私は常々「経営は論理と気合だ」と考えています。

取引先を説得し、社員を動かしていくには、まずこちらの信念と情熱と本気度を伝える気迫が必要です。

でも気合だけではダメです。自分の考えを的確に表す言葉を選んで、論理立てて伝えることで初めて相手を納得させることができるのです。

読書の効用の二つ目は、想像力が鍛えられることです。

人間一人の想像力など、たかが知れています。だいたい自分の世界をベースにしてしか、ものを考えることができません。

たとえば、中国の統治を考えるとき、中国の人口は一四億人、五五の少数民族をもつ多民族国家です。国土はロシア、カナダ、アメリカに次いで広い面積を有します。しかし、日本人は人口が中国の一〇分の一、国土は二五分の一しかない民主主義国家・日本の状況をベースにしてすべてを思い描いてしまいます。

現地に行き現場を見ることがいちばん良いのですが、現場、現地を見る機会がなければ、想像力を広げる唯一にして最善の方法は読書です。

時間と空間を超えた読書体験によって、私たちは中国やロシアの風土や国民性、時代状況を想像することができます。

企業経営や仕事においても、想像力は必須です。新しい商品、新しいサービスを生み出すためには、時代や環境の変化に応じて社会が今どんな状況にあり、これからどこに向かうかをイメージすることが求められるからです。

とくに欧米やアジアなど海外との共同事業が増えるこれからは、年齢、経験ばかりか国籍や民族の異なる人たちと相互に理解し、共感する必要があります。相手の立場に立って考える想像力なしには立ち行きません。

三つ目の読書の最大の効用は、感情や感性が豊かになることです。喜怒哀楽の彫りが深くなり、感激、感動がより大きくなります。そうして人生が深く耕されます。

すなわち読書は、私たちの限られた知識と経験を広く深くし、頭を鍛え、人生を豊かにしてくれます。

少なくとも三〇分の読書をできるだけ毎日のように何十年も続けることです。その積み重ねが自分をつくり上げていくのです。

毎日、読書を続けた人と読書を続けなかった人、その差は二〇年ほど経つと歴然としてくるような気がします。

「記憶ではなく、記録に残せ」と書きましたが、読書も同じです。

あなたは本を読んでいるときに、大事な箇所には、傍線を引いたり、マーカーを引いたり、付箋を貼ったりしているのかもしれませんが、そんな程度では読書はほとんど力になりません。

「後で見返そう」と思っていても、実際にはそのまま放っておくのが現実です。

本当に心に刻みたい言葉があれば、ノートに書き出すことです。書くことで記憶に刻まれ、折に触れて思い出すことができます。

そうして初めて本に書かれていた大事なことが教訓や戒めとなり、大切な資産となります。

目で見て、声に出して、耳で聴いて、手で書いて。五体の機能をフルに活用してこそ読書は意味を持ってきます。

人間の能力は厄介なものです。読書は頭ではなく、身体でするものなのです。

個人が世界相手にビジネスをする時代

さて、スペシャリストとして自分の強みが発揮できるスキルがあれば、それを副業として生かすことができます。

最近は副業を容認、あるいは推奨する会社が増えてきました。理由はさまざまです。人口減少による人手不足を解消するという国の大きな方針を背景に、企業側としては優秀な人材の確保と自社人材の離職防止、従業員のスキル向上や新たな発想の持ち込み、企業のイメージアップという面もあるでしょう。

一方、働き手としては、テレワークの普及や残業の禁止という労働環境の変化を背景に、新たな収入源の確保や業務外のキャリアの蓄積、自己啓発という側面もあると思います。

大手企業からベンチャーまで急速に進む「副業解禁」の動きを一歩進めた新しい働き方が、今世界で注目されている「ギグ・ワーク」です。

ギグ・ワークというと、一般的にはインターネットを通じて単発の求人・採用や仕事の発注・受注をオンデマンドで行うことを指します。

そうした雇用形態で働く人々をギグ・ワーカーと呼びます。

コロナ禍をきっかけに急成長したフードデリバリー・サービスのウーバーイーツなど

を思い浮かべるかもしれませんが、ここで考えたいのは、それをさらに発展させた副業・兼業としてのギグ・ワークです。

具体的には、企業内で単発の仕事を従業員がフリーランスとして請け負ったり、あるいは従業員が会社に申請して社外で副業をしたりします。

就業規則から自由になり、重要な仕事を短期間で引き受けて短期間でこなしていくスタイルです。

企業側としては、必要な時に即座に必要な人材を採用できるというメリットとともに、プロジェクトごとに専門的なスタッフを確保することも可能になります。

ギグ・ワーカー側としては、長期雇用に比べて拘束が少ないため、すきま時間を利用して働いた分だけ収入を得ることができます。

たとえば、午前中は自分の所属している会社で働き、午後は副業先の企業内で働く。あるいは異なる会社の社員が数人ほど集まって、新しく立ち上げた会社で働く。

自分の専門領域を飛び越えた若手のギグ・ワーカーたちがイノベーションを起こし、

新しい仕事を生み出すことも考えられます。

さらにギグ・ワーカーによるイノベーション・カンパニーが新しい産業を形成する可能性だってあるでしょう。すでに企業とギグ・ワーカーをマッチングする企業も出てきています。

もちろん、社会保険の加入や労災補償、企業秘密の保持など解決すべき問題は多々ありますが、ギグ・ワークは新しい時代の働き方として台頭し、日本経済において大きな役割を果たしていくと思います。

となれば、従来の仕事に対する考え方は、一変するかもしれません。

最近は一流大学を出て大企業に勤めても、数年で退職して起業するという若手も増えています。

最初の何年かは非正規社員として働き、現場経験と技術をある程度身につけた段階で正社員として自らの技能を生かす、というかたちも考えられます。

あるいは手に職があれば、

「正社員にならず、ずっとギグ・ワーカーでやっていきたい」

という若手が出てきてもおかしくありません。

要するに、これからは働き方も雇用の仕方もどんどん多様化、弾力化し、豊かになっていくということです。

従来のように大企業が終身雇用で全員まとめて面倒をみるというスタイルは姿を消していくでしょう。

同時に、今後は大企業ではなく、個人、あるいは少人数のグループが世界を相手にビジネスする時代です。

いよいよ「中小企業の時代がやってくる」と私は考えています。

たとえば、日本の製造業は同じ仕様の製品を大量生産することによる価格競争で市場を制してきましたが、今後は多品種で少量生産の時代が来ます。

となると、さほど大人数の社員はもう必要としません。一九七〇年からどんどん大企業化してきた日本の産業構造は、中小企業のほうにシフトしていくでしょう。

企業が経済的に成長するためにいちばん必要なのは、新しい仕事に投資をして、新しい仕事をつくることです。古い仕事にいくらペンキを塗っても大した仕事にはなりません。

新しい仕事をつくれば、新しい働き手が必要になり、全体の給料が増える方向に向かいます。給料が増えれば、消費が増えて経済が成長します。人口減少社会でも、新しい仕事をつくり出していけば、経済は成長するということです。

新しい仕事は、一部の人間を豊かにするだけではなく、社会全体も豊かにします。

副業・兼業というかたちを取り、個人や少人数のグループで新しい仕事を始めていくアニマル・スピリッツの精神は、新たな豊かさをもたらす可能性があります。

生き抜くために海外と手を組む

ギグ・ワーカーたちの新しいビジネスは、国境を越えて展開するでしょう。自宅にいながら、国際的なプロジェクトに関わることも可能になります。

これからは海外の技術者や研究者と共同で会社を立ち上げ、ビジネスの展開を考えていかなければなりません。日本単独では、もはや生き抜くことはできないからです。

研究者数から見ても、世界では中国とアメリカが突出して多く、急勾配で増えている中国が二一〇万人と最多で、二〇一八年に一五五万人だったアメリカを大きく引き離しています。

注目度の高い論文数でも中国は首位に躍り出ました。つまり、中国は研究の量だけでなく、質の面でも台頭しているのです。

かたや日本の衰退はいっそう進んでいます。

研究者数において、日本は中国の三分の一程度にとどまっています。注目度の高い論文数では、二〇〇八年の五位から二〇一八年にはインドにも抜かれて一〇位に転落しました。大学院での博士号の取得者は、二〇〇六年度をピークに減少傾向が続いています。

とはいっても、科学力がビジネスに直結するわけではありません。

中国の問題点は、世界一の科学力、技術力は持っていても、現実に製品を作る労働者に欠けているという点です。

いくら科学力を持っていても、製造力を持っていなければ良い製品は作れません。製造力と技術力と総合力を世界でいちばん持っているのは日本です。

どこが違うのでしょうか。

中小企業の労働者のクオリティーです。

中間管理職を含めて中小企業の労働者の教育水準が保たれていなければ、良い製品は生み出せません。

人間の教育は一朝一夕にはできません。日本の一〇倍以上いる中国の中間層が日本の教育水準に追いつくのには、あと二〇年はかかると私は見ています。

世界一の科学力を持っているけれど、製造力（労働者を含む）を持っていない中国。

世界一の製造力を持っているけれど、科学力の弱い日本。

グローバリゼーションが進む世界で、日本だけが元気になる、中国だけが発展する、そんな世界はもうありません。日本も世界と手を組んでいかなければ、生き残ってはいけないのです。

中国、アメリカ、日本、韓国は手を組む。とくに日本はその製造力を発揮して、中国の科学力を生かした協働の事業が非常に重要になります。

逆にいうと、日本は他国が手を組むに足る強みを持ち続けなければいけないということです。

中国人でもアメリカ人でも韓国人でも、信用できる人間は必ずいます。たくさんいます。こちらが誠意を尽くせば、相手も誠意で応えてくれます。

そのためにも、若い世代はどんどん海外に出ていかなくてはなりません。

とくに中国とアメリカです。海外に出れば、言葉の習得も大事ですが、それよりも海外の価値観を学び、人脈をつくって、将来の協働事業に備えなくてはなりません。

それを担うのは十数年後の世界で三〇~四〇歳代になって、これからの日本社会の中核を担うジェネレーションZ。すなわち一九九〇年代中ごろから二〇一〇年代前半の間に生まれたデジタルネイティブ世代です。

政府は過去や現在の事業に投資するのではなく、この国の未来に投資してほしいと思います。無駄にお金をばらまくのではなく、たとえば給付型の奨学金制度でジェネレーションZを海外に送り出し、彼らの成長を大いにサポートする。

魚をいくら与えても、お腹が満たされるのは、その場限りです。魚よりも、魚を自分で捕ることができる釣《つ》り竿《ざお》を与えることです。

AIに使われるな。使う人間になれ

ギグ・ワークをはじめとする多様な働き方を可能にするのが、インターネットとAI（人工知能）です。

とくに新しい仕事の時代は、AI抜きには考えられません。

AIやロボットは急速に社会に浸透しています。それは単に便利だとか正確だとかいった機能面だけの理由ではありません。

人口減少と高齢化が急速に進む日本では、今後、生産年齢人口、つまり一五歳以上六五歳未満の働き手がどんどん減っていきます。それだけＡＩやロボットで穴埋めせざるを得なくなります。

ちなみにここで言うロボットとは、ＡＩの頭脳を搭載し、人間の五感に当たるセンサー、手足に当たるマニピュレーターを持つマシンですが、ここではまとめてＡＩと呼ぶことにします。

ＡＩが人間にまさる能力は大きくいって二つ、記憶と分類です。

記号化された仕事に関しては、人間よりもＡＩのほうがはるかに正確かつ処理スピードが速いため、情報の収集・伝達・分類・分析を中心とした仕事は、早晩、ＡＩに取って代わられるでしょう。

ＡＩ技術が進歩してビジネスへの活用が進むと、二〇二五〜二〇三五年には、私たちの仕事の約半分がＡＩに取って代わられる――。

そんなふうに推計した論文が二〇一三年に発表され、世界的な話題となったことがありました。

確かに、これから職場でＡＩが活躍する領域が拡大することは間違いありません。

ＡＩは残業時間の規制は不要だし、出産休暇や育児休暇も要りません。セクハラ、パワハラの類も生じません。文句を言わず黙々と働き続けます。雇用者にとっては、この上ない働き手です。

しかし、だからといって「人間の仕事がなくなる」という悲観的な判断は早計です。新しい技術の登場によって失われる仕事は確かにありますが、同時に生まれる仕事もあるからです。

記憶と分類に関する仕事に関して人間はＡＩに到底勝てません。だから、そこはすべてＡＩに任せましょう。

そこから先、私たちが肝に銘じなければならないことは何でしょうか。

私の答えは、

「ＡＩに使われるな。使う人間になれ」
です。

ＡＩは戦争をなくせるか

ＡＩに仕事の命令を下すのは人間です。だからＡＩの使い方を知らない人間は、これから会社で働く価値がなくなっていくでしょう。

働くとなると、ＡＩと競争をしなければなりません。しかし、ＡＩを使える上司は、同じ仕事なら人間よりも正確で速いＡＩを動かすでしょう。

結局、ＡＩを使えない人間は、ＡＩに使われることになります。

ＡＩに使われず、ＡＩを使うようになるにはどうすればいいでしょうか。

子どもたちでも大半は使えるように教育されるはずですが、まずＡＩの機能を勉強しなければならないのは当然です。

そしてもう一つは、記憶と分類に特化したＡＩの能力にまさる、人間しか持たない五感ベースの知識や発想力を身につけることです。

ＡＩはまず極めて優秀な秘書になりえます。

「月曜日に福岡で一泊する。飛行機と駅の近くで和食の朝食が付いたホテルを予約しておいてくれ」

即座に予約します。仕事の能率はアップします。

ＡＩは優れた部下として取引先でも活躍します。

「部長さんに、このプロジェクトの基礎となるデータを示して、計画策定までのプロセスを簡単に説明してくれ」

要するに、ＡＩは使い方次第で仕事の能率が上がるばかりか、仕事の質そのものを向上させ、働く意欲を刺激さえするということです。

だからこそ、私は「ＡＩを使う人間になれ」と言うのです。ＡＩを使えない人間はＡＩ以下の給料になり、ＡＩを使える人間は給料が増えるのは当然です。従業員はここでも二極分化するでしょう。

しかし、勝負はここからです。

AIはここ五年、一〇年の間に、あなたの片腕、ビジネスパートナーとなる可能性があります。

そのとき、あなたはAIに何をやらせるか。それを考えなければなりません。

あなたが勉強して、知識を蓄え、発想力を鍛えれば、私たちの生活がさらに楽しく自由になるようにAIを使うことができるようになります。

そうしてAIを使いながら働き続けて、あるレベルに達したとき、今わたしたちが考えているよりもずっと新しく、豊かな生活が実現する可能性が開けます。

そのとき問われるのが、あなたが働く目的であり、あなたが生きる目的です。

あなたがどういう世界を望むのか、とも言い換えられます。

「私の目的は世界中の友達と仲良くなれるようにすることです」

「私は宇宙旅行をもっと自由に楽しめるようになりたい」

「私の目的は、あらゆる戦争をなくすことです」

今は夢のように聞こえる目的であり、望みかもしれませんが、それらはすべてＡＩを使いこなすことによって、私たちが思っている以上に早く達成できることになるでしょう。

しかし、それはＡＩが自らやってくれるわけではありません。人間が目標に掲げ、ＡＩに作業を命じて初めて動き出すことです。

問われているのは人間の側です。

だから、あなたには、

「自分は何のために、何を目指し、どんな夢を見て働いているのか」

ということを常に考え続けてほしいのです。

第3章

成功
——出世を目ざして出世したヤツはいない

目標をもって仕事に臨め

あなたは、やりがいを持って日々仕事に臨んでいますか。

最近、見聞きするのは、

「仕事にやりがいを見いだせない」

「自分がいったい何のために働いているかがわからない」

「働く自分に自己肯定感を持てない」

という社員が若手ばかりか中間管理職にも少なくないということです。

厚生労働省の二〇二〇年の調査で、「仕事や職業生活で強い不安、悩み、ストレスを感じている労働者」の割合は五四%。この一〇年間は、ずっと半数を超えています。

その理由としては「仕事の量・質」が五七%と最も多く、「仕事の失敗、責任の発生等」「対人関係（セクハラ・パワハラを含む）」「会社の将来性」と続きます。

うつ病になる社員も多く、企業におけるメンタルヘルスは深刻な課題になっています。

まず、仕事をするうえで心がけてほしいのは、

「自分が何をしたいのか」

をクリアにすることです。

何をしたいのかもはっきりせずに、「一生懸命やれ」「我慢をしてやれ」と発破をかけられても、プレッシャーが増すばかりです。

あなたやあなたのグループが仕事をするうえで到達したい目標は何ですか。

その目標に向かって忍耐強く、力を尽くしてください。

目標は新入社員、課長、部長、社長といった役職によっても当然異なってくるし、年齢や性別、価値観によっても違うでしょう。

入社した時点では、たとえば「普通の社会人としての礼儀やルールを身につける」。

これがとりあえずの目標になります。

先輩になり、「知識や技術を身につけて、後輩に尊敬されたい」と思えば、それが目

標です。

課長になって部下を持つようになれば、「部下を育て導きたい」。そうして「あの課長はすごい」とみんなにホメられたい。

最初は自分のことが、どうしても中心になります。

社長となれば、目標はもう給料や部下からの評価ではありません。自分以外のことが中心になります。

「会社で社員たちが喜ぶ姿、顔が見たい。そして、みんなと一緒にバンザイ!と喜びを大声で叫びたい」

会長になったら「社長が恥をかかないようにしたい」。

中国大使になったときは、「日本国のために、中国の人たちに日本の思いをしっかりと伝えたい」。私の場合は、それが目標でした。

年齢によって目標は違ってくる

人間は目標を持つからこそ、その目標めがけて努力できます。努力をして、

「よし、目標に一歩近づいたぞ！」

「二歩近づいたぞ！」

「ついに達成したぞ！」

その喜び。その充実感。

私たちはこのとき、全身で仕事にやりがいを覚え、さらにまた次の目標を定める気力を得るのです。

だから、目標は自分が達成できる高さにしてください。あまり高い目標設定を掲げると、どこかで無理をしたり、達成できなかったりしたときの失望や落胆のほうが尾を引きます。

「お金をもっと儲《もう》けたい」

いいでしょう。具体的な数値目標を設定して、もっと儲けるために努力してください。ただし、お金を儲けて何をするのか、何をしたいのか、自分の心の中で決めておきましょう。

そうでなければ、「お金を儲ける」ことだけが目的となり、そのために決められたルールを逸脱したり、信義にもとる手段を選んだり、といったことになりかねません。

「何のために仕事をするのか」という問いは、

「何のために自分は生きているのか」という問いとイコールです。

仕事＝生活です。仕事を取ったら生活もなくなります。何もしないで生きていくことなんてできません。

二〇代、三〇代、四〇代で目標もやりたいことも違ってきます。二〇代のとき、

「三〇代になったら、こういう技術を身につけよう」

そういう目標は当てになりません。

なぜなら、人というものは成長するからです。二〇代のときから仕事をし、人とつきあい、本を読む。そうして人は磨かれます。そうして三〇代になったとき、自分のやりたいことが新たに見えてきます。

それは二〇代のときに考えたものとは違っているはずです。違っていても、それは自分が成長している証拠です。

その間に結婚したり、子どもが生まれたりしていると、また目標は変わるでしょう。三〇代になったら海外で仕事をしたい。会社に申し入れても行かせてくれない。会社を辞めて新しい事業を始めるか。それにはいくらぐらい資金がいるんだろう――。

自分の目的をはっきりさせて、将来をどうするかを考えながら生活する。

自分の人生を自ら設計していくのは、たとえうまくいかなくても一つの幸せな生き方です。

一度に全部はできない

目標を持って努力するのは大切です。でも一度に自分の思いをすべて実行なんかできません。だからこそ最初に目標を立てることです。

まず、一〇年後の自分の世界を考えてください。

「自分の生活を今よりも豊かにしたい」

豊かさと言っても、人それぞれでしょう。

あなたの考える豊かさとは何ですか。

もっといい家に住みたい。もっとアチコチへ旅行したい。もっと友達と遊びたい。

いずれにしても、お金が必要じゃないですか。

お金を今よりもっと稼ぐために、どうするんですか。人よりもたくさん働くのか。AIを使いこなして、人よりも効率よく仕事をするのか。

ＡＩを自分の片腕のように使うためには、まずＡＩの勉強が必要でしょう。たとえば、ＡＩの研究者に投資してもいいでしょう。自分の仲間や海外の起業家と手を組むことも考えられます。

金儲け一つとっても、そう簡単ではありません。簡単なら、もうみんながやっていいます。何もしないで考えているだけでは、いつまで経《た》っても目標は近づいてなんかきません。

最初は少ししか儲からないかもしれません。損するかもしれません。時間がかかっても少しずつでも自分の目標に近づいていくことです。

一度に全部をやろうと思わないことです。

私は社長になったとき、女性社員の管理職を増やしたいと考えました。

「女性管理職を三割にしたい」

二五年前です。そんな目標を持ちました。

でも、人間の組織に関わる課題ですから、一度には無理です。

知識や経験もないままいきなり課長や部長になっても、当人が困ります。それは男女を問わずそうでしょう。部下をどう使い、どう育てるか。一つずつ学んでいかなければならないことです。

だから少しずつ徐々に女性管理職を増やし、「五年間で三割にする」という目標を掲げました。

そして、必ず二人以上を同時に管理職にすることを原則としました。つまり女性一人だけを課長、部長にしない。

男性ばかりの会議に女性が一人で入ったら、言いたいことも言えないだろうなぁ。女性ばかり二〇人ほどの会議に社長の私が一人で入ったとき、女性の圧力を感じ、やはりとても発言しづらかったという経験があります。

目標達成のためには、さまざまな環境整備が必要となりますが、そもそも目標を立てなければ、事態は前に進みません。

出世する人としない人はどこが違うか

「出世競争」という言葉があるように、ひと昔前は「サラリーマンの目標は出世や昇進」とよく言われました。

出世や昇進すると、役職手当・職責手当が支給され、給料は上がります。ただし、その分、部下を持ち、責任は重くなります。管理職になれば、多くの会社では残業代の支給がなくなります。

そのためか、最近は「出世したくない」という会社員が増えているようです。

といっても、エラくなりたいと言いたいときはあるでしょう。

しかし「おれは社長になるぞ」と言って社長になった人はいないし、「おれは部長になるぞ」と言って部長になった人もいません。

要するに、出世することを目標にして出世した人はいない、ということです。もちろん、すべてに「まったくいない」ではなく、「ほとんどいない」と読んでください。声に出してそれを実行する人は「いない」ということです。

では、どういう人が出世するのか。

懸命に仕事をする人です。

懸命に仕事をして、周囲の人が、

「あの人は大したものだ。しっかりしてるよ」とうわさする。

社外の取引業者の人たちからも、

「おたくの○○さんはすごいね。言われたことはきちっとやってくるね」

という評判がたてば、その人の出世はほぼ間違いありません。

ところで、社長の絶対的な責務の一つは「後継者を育てる」ことです。優れた後継者を見極める必要があります。一〇年以上にわたり、自分こそが最高の社長であり後継者はいないと自負し、自惚《うぬぼ》れ、後継社長を育成できない社長が目につくようになりました。

未来の社長候補をどう選び、育てるか。社長の最大の仕事です。私の場合、大事な判断材料の一つにしたのは、業界における評判でした。

「おたくの業界では、うちの会社で誰がいちばん頑張っていると思いますか」

普通の会話の最中にそう尋ねて、そこでもしも名前が挙がれば、その人は有力候補として○が付くことになります。

あとは、自分が期待されているということを当人に自覚させることです。

「自分は期待されている。期待に応えて人一倍、勉強しなくては。競争相手の会社の同年代よりもしっかりしていると納得してもらうようにしなければいけない」

そういう自覚を持たせるのです。

「新エリート主義」と呼ぶ私の人材発掘・育成法です。

普通のサラリーマンが虚栄心を満足させるために、給料アップに結びつく出世や昇進を望むのは当たり前です。

けれどもお金がそれを追い求めると逃げていくように、出世もそれだけを追い求めていると逃げていきます。

権力欲や私利私欲のためではなく、会社のため、社員のため、あるいは社会のため。そういう目的を抱いたとき、初めて出世や昇進が肯定的な意味を持つのです。

自己評価は他人の評価の二倍になる

「自分の手柄を同僚が、さも自分の手柄のようにアピールして、うまく出世した。手柄を横取りするのは許せない」

そんなふうに悔しがるサラリーマンがいます。

「手柄を横取りされた」なんて本当でしょうか。

二人は同じ職場にいて、Aさんが成功させた仕事をBさんが自分の手柄のようにアピールしている。

周りの同僚はその功績が誰のものかを当然知っているでしょうし、となれば、Bさんが横取りしたのなら、そのこともわかっているはずです。Bさんは昇進するに値する立派な人間だ、なんて誰も認めないでしょう。

自己アピールしようがしまいが、あなたの本当の実力は周りがちゃんと見ています。隣の人間の実力もわかっています。

あなたの能力は他人が評価するものです。自分で評価するものではありません。

自分の評価はだいたい過大になりがちです。

「自己評価は他人の評価の二倍くらいになる」ぐらいに考えておいたほうがいいでしょう。

会社でも役所でも、組織というのは、実は本人が思っている以上に、その人のことを正しく判断しているものです。

多少の上下はあるにしても、プラスとマイナスで平均化され、現実とほぼ一致する評価に落ち着いていくのです。

あなたは本当に全力で努力したのでしょうか。

自分の努力不足を棚に上げて「手柄を持っていかれた」と自分が出世できないことを

他人のせいにしていませんか。そこに、ねたみやひがみがありませんか。

「隣の芝生は青く見える」と言います。Bさんが昇進したのは、何もあなたの手柄を横取りしたからではなく、それ相応の努力をしたからではないのですか。

そもそも仕事とは、最初から出世を目指してするものではありません。これを成功させれば出世できるという仕事もなければ、ある仕事を成功させれば昇進させるなどというルールもありません。

若手のころは、目の前の仕事をやるかやらないか、それだけです。

上司に言われたことがちゃんとできないのに、「おれはもっと出世するぞ」と力んでも話になりません。上司に言われたことをきちんとすること。それが若いころの唯一のホメ言葉「よくやってるな」につながります。

人にホメられるように努力せよ

「仕事に喜びや面白さが見つけられない」「仕事にやりがいを感じることができない」

という人には、

「あなたの仕事について、人にホメられるように努力をしなさい」

という言葉を私から伝えたいと思います。

自分が好きな仕事は何か、誰もが最初からわかるはずがありません。生まれながらにして好きなものがある、得意なものがある、それはごくごく限られた一部の人たちの話です。

人にホメられるように努力を重ね、実際にホメられた。そのとき、その仕事が好きになり、面白くなり、得意になっていきます。

仕事に喜びを見つけられないのは、人のせいでも、環境のせいでも、遺伝子のせいでもなく、あなた自身の努力不足のせいだと言えます。

だから仕事の喜び、面白さ、やりがいのありなしなどは、本人が努力してから言うことです。努力もせずに、放っておいたら面白くて好きになった。そんな仕事はどこを探してもありません。

胸に手を当てて、子ども時代を思い起こしてください。子どもにとって最もホメられたい対象は両親です。

テストで一〇〇点を取った。試合でホームランを打った。描いた絵が金賞をもらった。「えらいぞ、よくやった」と親にホメられて天にも昇る気分になった。今度も絶対、満点をとってやる――。

あるいは、先生にホメられたのが契機になって作家になった人がいます。先生にホメられて、ピアニストになった人もいます。敬う人のひと言が動的要因となり、人は変わるものです。

これは私の経験知でもあります。

七〇年も前のことですが、中学生のとき、職業適性テストで「あらゆる職業に向いている」という評価を得て、先生が全校朝礼で「ものすごい結果を出した生徒が一人いる」と話しました。私だけが「自分のことだ」とわかりました。

「豚もおだてりゃ木に登る」で、私も、

「そうか、おれは努力すれば何にでもなれるのか」

と自分の心の中でひそかに人生に光が差したような気持ちになり、何か自信を持つことができました。

遠足の感想文を読み上げたとき、

「君は文章がうまいね。作家になれるかもしれませんよ」

とみんなの前で先生からおだてられ、すっかりその気になった私は高校で新聞部に入部しました。


子どもに限ったことではありません。人から認められたい、人から評価されたい、人から称賛されたい、と思うのは人間の本性です。多くの人は、人にホメられることがうれしくて懸命に働くのです。

これは「自分のことをよく見せたい」「立派に見てもらいたい」という虚栄心の発露でもあります。

ただ、この虚栄心には、気をつけなければいけない落とし穴があります。

それは「もっとホメられたい」と努力し、そのあげくホメられるためだけに働くようになることです。

そうすると、評価を求めてデータをごまかしたり、ウソをついたりするようになりかねません。つまり「他人からよく見られたい」という虚栄心の悪いほうが出るのです。

本来は、仕事の喜びと面白みを見いだすための努力です。努力の方向を間違えないようにしなくてはなりません。

人を喜ばせるような仕事をせよ

「自分の仕事をホメられるように努力をせよ」と書きました。

それをもう一歩進めると、

「人を喜ばせる仕事をせよ」

となります。

ビジネスの基本は、相手を喜ばせて、こちらも喜ぶことです。相手から富や財を奪うことではなく、むしろ与えることです。

たとえば、よく知られている言葉が、近江《おうみ》商人に三〇〇年以上にわたり連綿と受け継がれている「三方よし」です。

「買い手よし、売り手よし、世間よし」

という三者が「よし」となる商《あきな》いをするべきという教えであり、戒めです。

売り手の都合だけで商いをするのではなく、買い手が心の底から満足する。「世間よし」というのは、さらに商いを通じて地域社会の発展や福利の増進にも貢献する、ということです。

弱肉強食の〝強欲資本主義〟の正反対の考え方と言ってもいいと思います。

いや、そんなに難しく考えなくても、私たちは知っています。

人間は本来、相手のために何かをしてあげたり、他人を思いやったりすることに喜びを覚える動物です。

相手が喜ぶ顔を見たい。同僚や上司が喜ぶ顔が見たい。そのために心を砕き、汗を流す。そうして喜ぶ顔を見ることができれば、仕事にやりがいと喜び、面白みをもっと感じることができます。

私がまだ若手の課長だったころのことです。

ある仕事で、かなりの利益を上げたときに、お世話になったお客さんに「販売奨励金」と称して、支援したことがありました。会社にそんな制度はなく、私の独断でした。

相手の社長さんも当然ながら涙を流すほど喜ばれ、私の行為の善悪は別として、忘れ得ぬ記憶となりました。

ところが、決算を報告する段になって、案の定、管理部門からは、

「そんな制度はない！　勝手なことをするな」

と、お叱りを受けました。

それに対して私も生意気盛りだったので、

「制度がないなら、新しくつくったらいいじゃないですか！」

と意図をしっかり述べ、結局「販売奨励金制度」を認めてもらいました。

自由闊達《かったつ》な会社だったからこそ通った話でもありますが、私は会社のお世話になった取引先に、社の格別の利益の一部をなんらかの形で還元し、感謝の意を伝えたかったのです。

仕事はすればするほど深まり幅が広くなる

最初から面白い仕事なんてありません。最初からやりがいを感じることができる仕事も滅多にないでしょう。

前章で見たように、これからも仕事の多様化と人材の流動化はどんどん進んでいきます。しかし、「やりがいや面白みが見いだせない」という理由で離職するのは、いかにも無謀です。

かと言って、この変転目まぐるしい時代に「黙ってアリのように一〇年働く」なんて無理だよ、という声も十分に理解できます。そのうえで、仕事の本質を理解してもらうために、私の未熟だったころの体験をお話しします。

会社に入社して二カ月くらいしたころです。

「こんなバカな会社にいられるか」

と真剣に会社を辞めようと思いました。

希望した部署にも行けず、与えられる仕事と言えば雑務ばかり。

「こんなくだらないことをするために、大学で法律の勉強をしたわけじゃない。大学に戻って司法試験を受けて出直しだ」

と大学時代の恩師に相談したところ、先生からは、

「君、仕事というものがわかってるの？」

と逆に諭されました。

君は今やっている仕事がこれからもずっと続くと思っているのか。最初はあれをやれ、

これをやれと丁稚《でっち》のように使われる。必死になってこなせば、次の仕事が来る。その仕事も身を粉《こ》にして取り組む。石の上にも三年。少なくとも今の仕事を三年やりなさい。そのうえでやっぱり辞めるというなら、そのときは、もう一度ここに来なさい――。

私の同期も以前の私と同様、自分の仕事に文句ばかりこぼしていました。今度は私が諭す番です。

「おいおい、文句言わないで、言われたことをまずやろうや」

「いつも残業ばっかりじゃないか」

「そんなことは気にせず、とりあえず残業をやろう。今年入った新人は使えないヤツばかりだ、なんて言われないように頑張ろうや」

仕事に面白みもやりがいも感じられないという人は、その仕事に力を尽くしているでしょうか。そうでないなら、上司は、

「言われたこともきちんとできない社員に大事な仕事は任せられない」

と判断するでしょう。

そんな態度で石の上に三年いても、やっぱり冷たい石の上で座っているだけでしょう。

仕事というのは、奥が深く、幅も広い。

最初は誰もができる雑務でも、次には「隣の課に連絡してこい」、またその次は「お客様と会ってこい」と、どんどん内容も責任も増していきます。

懸命に取り組んでいくうちに、自分の能力と得意分野がわかり、目標が定まり、スペシャリストになっていきます。お客さんにかわいがられ、信頼関係が築かれます。

どんな仕事にも意味があります。やればやるほど仕事の奥が深まり、幅が広がっていき、やりがいと面白みが増してきます。

仕事を生かすも無駄にするのも、結局、本人次第ということです。

自分の得意分野を把握せよ

自らの目標をもって努力せよ。

やりがいを見つけるためにホメられるような仕事をせよ。

人を喜ばせる仕事をせよ。

それらを成し遂げるには、自分の能力を知る必要があります。

しかし、社員が自らの能力を自覚するのは難しいものです。企画力、情報収集能力、問題を解決する能力、コミュニケーション能力、プレゼンテーション力……自分がどういう能力をどれだけ持っているのかを当然ながら知りません。

前節で「それぞれが自分の得意な分野をつかんでスペシャリストになることを目指せ」と書きました。同じことです。

仕事をすればするほど自分の力を感じるようになるものです。そうして自分の能力を知れば、おのずと目標ややりがい、人を喜ばせる仕事につながっていきます。自分が変わっていきます。自分の能力を知るためにも、仕事と努力を怠ってはならないのです。

会社は社員という人間で成り立っています。

会社を変えるには、社員が変わるしか道はありません。いくら組織や制度を変えても、会社は変わるものではありません。

社長時代に、会社を変えようとさまざまな組織や制度の改革を実践した私が、体験を通して学び取った事実です。

つまり自分を変えることは、会社を変えることになるのです。変わらないまま同じことを繰り返している会社は、何の進歩もなく、いずれ衰退してなくなるでしょう。

コロナ禍を見るまでもなく、経済環境が目まぐるしく変わる現代社会においては、なおさらです。

そして、人口や働き手が急激に減少し、高齢化が進んでいくこれからの日本で、あなたも自分の生活、自分の人生、自分の仕事への取り組みを変えていかなければ、自分の思いを実現することは難しいと思います。

そのことは肝に銘じておいてください。

「すべては現場に宿る」というビジネスの鉄則

人の言うことをそのまま信用してはいけない。いざというとき、迷うときは、自分で現場に行って、見て聞いて判断しなくてはいけない――。

私にとってのビジネスの鉄則です。いや、ビジネスだけではなく、物事を判断、評価するときの鉄則でもあります。

最初に痛い目に遭ったのは、ニューヨーク時代の穀物相場の大失敗でした。駐在数年で相場予測にも多少の自信がついてきたころです。

その年は旱魃《かんばつ》が続いていて、ある日、ニューヨーク・タイムズが一面でデカデカと「大旱魃」の発生を報じました。

穀物担当だった私は大豆価格の高騰を確信して大量に買い込んだところ、一転、降雨のため大豊作の予測。相場はたちまち大暴落しました。当時の会社の税引き後の利益に匹敵する含み損（五〇〇万ドル〈当時一ドル約三〇〇円〉）を抱えることになりました。

「ニューヨーク・タイムズが一面で誤報を流すことなんてないだろう」という大新聞への過信が招いた失敗です。

ニューヨーク・タイムズは産地の一部で起きていた現象を一大発見と見誤り、写真に撮り、全米で起きているかのごとく針小棒大に報じていたことがわかりました。センセーショナルな発見に世評が左右されることは、メディア社会で今もよく起きることです。

以来、大事なとき、私は情報集めに奔走し、何度も自分で車を運転して大農業地帯に足を運び、生産者や研究者の話を聞くようになりました。

どこか常識に照らして「おかしいな」と思ったときは、その感覚を大事にして行動することです。現場に行って各所で真偽を確かめることです。

その後も、私は民間の天気予報業者やアメリカ国立気象局の客観的データと重ね合わせながら情報を集めました。

その結果、私の予想通りに大寒波が襲来し、大豆相場は一転急騰し、含み損を解消したうえ利益を生む幸運に恵まれました。

それ以来、「すべては現場に宿る」は、私の仕事原則となりました。

会社始まって以来の大きな投資となったファミリーマート買収（M&A）は、私が副社長時代に手掛けた重大案件です。

買収後、私が最初に着手したのは、若手社員を現場に派遣することでした。

ファミリーマートがどんな会社か、データや資料だけでは本当の姿形はわかりません。現実にその業界の仕組みとパワーを、自分で体感する必要があります。

そのためには現場を知ることです。自分が無理なら、代理を派遣することです。若手の社員たちを一～二年をかけて実地で勉強させ、そのうえで彼らを戻して、新しいプロジェクトを実行するための人材を発掘していきました。

M&Aは会社を買うわけではない、事業を買うわけでもない、そこで働く人間を買う、人聞きの悪い言葉で言えば〝人身売買〟です。

優れた人材がそこにいなければ、M&Aは成功しません。そして人材を発掘するには、彼らが働く現場に行かなければ、本当のところはわかりません。
結果的にファミリーマートの買収は大きな成功を得て、われわれの流通事業を一挙に拡大することになりました。

中国全土を回って知ったこと

私は二〇一〇年から二年半、中国特命全権大使を務めました。民間では初の中国大使でした。

最大の収穫は、激動する中国の全土を回り、知らなかった場所に行き、会ったことのない人と言葉をかわし、全身で中国を体感できたことです。

社長、会長になるまでに三〇年近く中国にはビジネスで何度も足を運んでいましたが、「すべては現場にあり」。現場へ行かなければ、本当のことはわからない。そのことを大使時代にも再確認しました。

例を挙げればキリがありません。会ったのは、中央の政治家や地方の大将（書記）だけではありません。経済人や大学生、教師……。地方に出かけたときは、多忙なスケジュールの合間を縫って、現地の市場をのぞき、肉や野菜を売っているおばさんたちと言葉を交わしました。気に入ったものがあれば買ってみる。物価がわかるし、庶民の生活が皮膚感覚でわかります。

現地を訪れて初めて知ることです。北京にいただけではわかりません。田舎から出稼ぎのため都会に出てきた、いわゆる「農民工」の住居も見せてもらいました。狭い部屋に三段ベッドがあり、一五人ほどが暮らしていました。

私は中国北西部にある新疆《しんきょう》ウイグル自治区にも足を運びました。ほとんどの日本人は現地を訪れたことがないでしょうし、ウイグル人にも会ったことがないと思います。アトシュという街では富裕層の民家も訪問する機会がありました。

地方に行くたびに、戦争で残留孤児として中国に残され、成長し、活躍された日本人と、できる限り会うようにしました。そして、その養父母や親類の方々がもし生きておられたら、大使の自費で食事を御一緒するとともに感謝状を送るようにしてきました。

中国残留孤児だった方々は日本語を話すことはできませんが、彼らは「養父母には本当に感謝の一言だ」と繰り返します。実際、一流大学を出させてもらい、今は会社の顧問や相談役になっている方もいました。

養父母の方々に感謝状を渡すと、みなさん、必ず涙を流されます。

九〇歳近い養母に感謝状を出した時、残留孤児だった日本人の七〇歳近い息子は感極まって「お母さーん」と大声をあげて泣かれました。こちらの胸も熱くなり、こみあげてくるものがありました。

中国の地方には日中間の戦争の記録がほうぼうに残っています。

たとえば、黒竜江《こくりゅうこう》省の方正《ほうまさ》県にある日本人の共同墓地。そこはかつて日本の満州開拓団の集合中心地であり、敗戦時に日本人移民が引き揚げの際に集結した場所です。国境を越えて押し寄せてくるソ連軍などから逃げる途中、飢えと寒さ、感染症で多くの日本人が命を落としました。

一九六〇年代に郊外で大量の日本人の骨が発見され、中国当局が散らばった五千柱に及ぶと言われる遺骨を収集し、日本人共同墓地を作って埋葬していただいたのです。

私は中国離任前に、どうしてもこの墓地にお参りしたいと思いました。政府関係者からは責任が持てないと断られましたが、誰にも告げずに自らの責任で秘書一人とともに現地に向かい、「中日友好園林」と名付けられた公園内にある立派な墓に花を供えてきました。訪れて本当に良かったと思いました。

メディアの情報だけを頼りに中国という国を捉えると、どうしても偏りが出てしまいます。確かに大部分の中国人は日本人を知りませんし、日本とは直接関係ないと思っています。私たち日本人だって同じことです。中国を知りません。

当時は尖閣《せんかく》問題で日中関係が悪化したさなかでしたが、中国人のほとんどは尖閣諸島がどこにあるか知らないし、知っていても自分とは関係がないと思っていました。

もちろん、私の見聞は一〇年も前のものであり、急激に変わる中国はまた、異なる姿をしているかもしれませんが、大部分は自分たちのことで頭がいっぱいでしょう。

それもまた、現場に行かなければわからないことです。

最も大切なのは信用・信頼

アメリカのトランプ大統領時代、「フェイクニュース」(ウソのニュース)、「オルタナティブ・ファクト」(もう一つの真実)、「ポスト・トゥルース」(真実の後) といった言葉が世界を飛び交いました。

「自分の言うことが正しい」「ほかはみんなウソ」「本当かウソかなんてどうでもいい」。客観的な事実よりも、人の感情に強く訴えかけるウソが世の中を動かすようになりました。

ロシアのウクライナ侵略でも、大国の代表が平然とウソをつく姿を私たちは目の当たりにし、AIを使って作ったウクライナ大統領が国民に降伏を促すニセ動画が拡散する現実にも触れました。

私たち人間と人間を結びつける最も大切な絆《きずな》である「信用・信頼」でさえ、時と場所が変わって、さらに戦争にでもなれば、根底から揺らいでいくのです。

人が生きていくうえでいちばん大事なことは、人から信頼されるようになることです。人は人とつながらずには生きていけない「社会的動物」だからです。

そしてビジネスを成立させているのも、相互の信用・信頼です。

たとえば、商品に欠品が出たとします。それだけならお金で解決できます。しかし、欠品が出たことをごまかしたりウソをついたりすれば、その途端にお客さんや取引先の信頼を失ってしまいます。

企業活動のためにいちばん大切な財産である信頼を失うときは、ほんの一瞬です。信頼はお金では買えません。権力も権威も関係ありません。そして、いったん失われた信頼を回復するのは、一世代以上の長い時間と努力が必要となります。

私が現役時代、部下に取引先、顧客との信頼関係をつくるために言い続けてきたこと

は、

「お金儲けや出世のためだけに仕事をしてはいけない」

ということでした。

お金儲けや出世という自分の利益になるかどうかの損得勘定だけで物事を判断すると、

「ここはちょっとごまかしておこう」

「多少のウソならついてもいいだろう」

という気持ちがうずいてくるのが人間です。

けれども、前述したように、お金儲けや出世を追い求めると、逆にそれらは逃げていくものです。

長い目で見れば、自分の利益よりも相手との信頼関係を優先することが、結局、自分のためになるのです。

自分の利益を図るチャンスは何度も訪れます。けれども、一度失った信頼は、いくらお金を払っても取り戻せません。

一時的な利益に振り回されることなく、自分を犠牲にしてでも相手の利益を守る。それが長期的にビジネスを成功させていくための秘訣《ひけつ》です。私はこのことを自分の半世紀に及ぶ会社生活で学びました。

取引先や顧客との関係だけではありません。社内の上司と部下といった関係の基礎となるのも、この信用・信頼です。

とくに組織のトップに立つ者、リーダーたる者は、部下の信用・信頼を得ることが、組織の運営を進めていくうえで必須の条件になります。

信頼できる部下とは、能力も人柄も大切ですが、最も大事なのは「ウソをつかない」ということです。

たとえば、自らの地位や待遇が不利になることがあっても、自分がおかしいと思ったことは相手が上司でも先輩でも「それはおかしいですよ」と勇気を出して話をする。

私は社長のとき、そうした部下に何度か救われました。

私が下したある判断に、一人の部下が勇気を出して反対したことがありました。一晩考え、調査もして彼の主張は「正しい」と判断し、次の役員会で自分の下した判断を撤回するに至りました。

「諫言《かんげん》の士」の重要性を痛感した経験です。

トップを長くやればやるほど、経験も知恵も少ない部下が周りを占めるようになり、自分を批判したり忠告したりする人間が少なくなります。

周りを自分に迎合する人間が占めるようになると、知らないうちにトップは「裸の王様」になります。昔から絶えることのない会社の不祥事のほとんどは、その結果ではないでしょうか。

組織のトップに就いたとき、本当に信頼できる部下を一人でも二人でも持つこと。そうすれば、大きな失敗はありません。

逆にいうと、そういう人間が持てないのは、人のせいではなく、自分の器の限界だと考えてください。

トップは命をかけて仕事をせよ

リーダーとなる者の条件をもう一つだけ加えておきます。それは、

「自分の身命を賭《と》す」

ということです。

リーダーは常に部下のことを第一に考えなくてはいけません。

とくに社長や会長というトップリーダーとなれば、自分の都合や私情で判断してはいけません。

社員の利益のために「命を失ってもいい」というくらいの覚悟が求められます。

「会社第一」「社員第一」で、自分のこと、あるいは自分の家族のことは最後の最後です。

たとえば、会社が緊急事態に直面したときは、家族がケガをしようが事故に遭おうが、

その程度にもよりますが後回しです。何をおいても会社の仕事を優先しなくてはなりません。

自分の利益を優先して行動する人間をリーダーに頂いた組織は、早晩必ず衰退し、乱れ、崩れが始まるでしょう。

私が社長に就任したのは一九九八年。バブル崩壊で景気が後退し、日本の企業全体が業績悪化に苦しんでいる時期でした。

危機に瀕《ひん》している会社を何とかしなければ、という思いに駆られてはいましたが、まず自分に「自分を完全に捨てる」ことができるかどうか自問しました。そして、「おれはこの会社に育てられた。おれはこの会社に命をかけて恩返しをするのだ」

そう心に誓って社長という重責を引き受けました。

自分を捨ててこそ、それまで見えなかったものが見えてきます。私情を挟んだり、自分の損得を考えていたりすれば、客観的な状況をつかみ損ねて、結局、会社の利益を損ない、ひいては社員に犠牲を強いることになります。

自分を捨てる覚悟。これは企業のトップに限ったことではありません。

私が中国大使を引き受けたときもそうでした。時の外務大臣から「たってのお願いがある」との電話がありました。

私は中国とは企業人として三〇年近い交流があり、中国政財界に知己もいます。

その意味では、自分は日中の架け橋となる大使という役にいちばん適している。

「良い日本人」と「良い中国人」が互いに胸襟《きょうきん》を開いて話をすれば、いろいろな仕事がもっとできるに違いない。

大使としての権限と責任をもって仕事に身を尽くせば、隣国との友好のためになるし、必ず日本国の役に立てる。当時は伊藤忠商事相談役で、会社役員からの引き際でもありました。

「わかりました、やりましょう」

中国大使は自分一人の即断即決でした。

当時から「中国人は嫌いだ」と言う日本人はいました。中国にも日本人嫌いはいます。

人間には必ず良い面と悪い面があります。どんな国にも悪い人間もいれば、良い人間もいます。

他人は自分の心の鏡です。他人が私の顔を見ていやな顔をするのは、私がその人を見ていやな顔をしているからです。相手の顔を見て、

「おっ、おれは彼に対して、そういう思いを抱いているのか」

と省みる。自分が明るく接すれば、相手も笑顔で応じてくれる。私はそう信じています。

大使は日本国を代表して他国と外交を進める出先機関のトップです。両国の関係によっては身の危険にさらされる可能性もあります。

やはり「自らの命をかける」という覚悟でした。

私の在任期間である二年半は、尖閣問題で日中関係が戦後最悪に陥った時期でした。反日感情と反中感情がぶつかりあい、その渦中に私も巻き込まれました。私が乗った公用車に掲げた日本国旗が中国人とみられる男に奪われるという事件も経験しました。

社長時代の業界最大規模の特別損失計上と無配。その後のV字回復と過去最高益の達成。中国大使時代の尖閣問題。

どうやら私は動乱期にリーダーを務める宿命にあったのかもしれません。

ただ、いつのときも仕事を通じた先輩や部下、仲間や友人がいて苦楽をともにしてくれました。

苦しいときは人の何倍も苦しい思いをしたけれど、うれしいときは人の何倍もうれしい思いもしました。

そのぶん、私の人生は生死の間で広く深く耕された気がします。

第4章

覚悟——死ぬまでベストを尽くせ

定年退職後、どうするか？

定年で長年勤めた会社を退職した知人らが、

「することがない。何をしたらいいかわからない」

とぼやいている姿に、私は何回も接してきました。

定年後、最初は朝寝坊もできるし、好きな旅行を楽しむことも自由にできる。ところが、一カ月も経《た》たないうちに手持ち無沙汰で途方に暮れてしまう。

よく聞く話です。「濡《ぬ》れ落ち葉」なんて呼び方がはやったのは、もうずいぶん前のことです。

趣味や道楽も忙しい仕事の合間を縫ってするから楽しいのであって、明日から毎日旅行、毎日道楽なんて続くものではありません。続くとしたら、その毎日を仕事にしたほうがいいと思います。

男性の平均寿命が八一歳。女性が八七歳。世界一の高齢国の日本で、あなたは老後をどう過ごしますか。

私たちは「老後」にどう向き合えばいいのでしょうか。

日本では長く六〇歳定年制が敷かれてきましたが、二〇一三年に改定した高年齢者雇用安定法によって、定年は六〇歳から六五歳へ引き上げられ、二〇二五年からは六五歳定年制が義務になります。

二〇二一年四月に施行された改正高年齢者雇用安定法では、七〇歳までの定年延長が「努力義務」とされていますが、いずれ社会全体ではさらに定年引き上げの時代となるでしょう。

日本の人口減少、人材不足、年金不足を背景に「死ぬまで働くのが良い人生」ということでしょうね。

とはいえ、同じ会社で変わらず働くことができる時代は過ぎ去りつつあります。

二〇一九年、トヨタ自動車の豊田章男社長の「終身雇用決別宣言」が賛否を呼びました。

そして二〇二一年には、大会社の社長が「四五歳定年制」を提唱して物議を醸しました。

「定年を四五歳にすれば、三〇代、二〇代でみんな勉強する。自分の人生を自分で考えるようになる」

「個人が会社に頼らない仕組みが必要だ」

「スタートアップ企業に参加するとか、社会がいろいろなオプションを提供できる仕組みを作るべきだ。場合によっては（同じ会社への）出戻り制度もいい」

発言の全体を見ると、日本企業の生産性を高めるための新陳代謝と、成長産業に人材移動を果たすことの必要性を訴えていることがわかりますが、

「体《てい》のいいコストカット」

「リストラではないか」

と世間の反発を招きました。

定年が何歳になろうが、その後も働くことができるのか、会社を辞めたら何をすればいいのか、老後をどう過ごすかに、みんなが戸惑い、不安を覚えているということです。抜け殻のようになる人もいれば、慌てふためく人もいます。ひたすら時間を潰している人もいます。

とっくの昔に現役を引退した私は、行く先々で定年退職組、あるいはその予備軍の方々によく尋ねられます。

「丹羽さん、普段はどんなふうに過ごしているんですか?」

「いや、こう見えても、私はけっこう毎日が忙しいんですよ」

「うらやましい限りです」

あなたはどうですか。

働き盛りは過ぎたけど、老後にどう向き合ったらいいのか。

今はまだ若くても、それぞれが考えておくべきテーマです。

会社の辞め方をつくっておく

定年をめぐる議論で抜け落ちている視点があります。

定年制を考えるとしても、大企業を前提としており、中小企業については語っていない人が多いのです。まだ定年を自分のことと考えていないからでしょう。

日本には約四五〇万社もの企業があり、うち中小企業が九九・七％です。従業員数で言えば、中小企業が約七割を占めています。

ほとんどの中小企業では、社員みんなが必死で働いており、「第二の人生」など考える余裕はありません。大企業と異なり、多くの会社で財務と総務と広報を兼務するといった具合に、一人の社員が何役も掛け持ちしていることが多いのです。

そういう会社では、常に人手が足りないので、高齢になってもやることは山ほどあります。社員はいくつになっても戦力として欠かせないのです。

経済団体も政治家もメディアもほとんどが誤解をしています。定年について議論する場合、中小企業についてもきちんと話すか、大企業と中小企業を分けて話すか、まず前提をはっきりさせるべきでしょう。

ちなみに、日本のように一律に定年を定めた国は欧米では例外的です。

アメリカではダイバーシティー（多様性）の一環として、年齢によって採用を制限することは差別に当たり、法律違反となります。実質的に「定年はない」と言っていいでしょう。

八〇歳でも九〇歳でも仕事ができれば雇われるし、四〇代や五〇代でも仕事ができなければ雇われません。年齢ではなく、個々の能力で決められている、ということです。

カナダ、オーストラリア、ニュージーランドでも定年制は禁じられていて、イギリスでも二〇一〇年に定年制が廃止されました。ドイツやフランスでは、六五歳から六七歳への定年の引き上げが予定されています。

世界各国の流れは、定年延長あるいは定年廃止であり、日本もこの傾向を追っています。

退職後に何をするか。それはおのおのが自分で決めるほかありません。働きたくなければ、趣味に生きるのもいいでしょう。しかし何度も言いますが、仕事は生きている証《あかし》であり、呼吸することと同じで、止めてはいけません。せっかく仕事を通じてさまざまな知識や技術、人脈を身につけた人間が、ある日突然、それまでいた世界との関係を絶つことは、当人だけではなく、社会にとっても損失です。これから六五歳以上が何もせず、それで日本の社会が順調に回っていけばいいんですが、到底回っていくとは思えません。人々が働かない限り、経済は成長しません。

定年はいずれ個人個人によって違ってきます。人によっては何歳まで働いてもいいよ、ということになります。そのうち、法律で一律に決めるわけにはいかない時代が来るでしょう。

そうなると、終身雇用制度はもちろん、定年という考え方も、もう実質的には意味をなさない時代が来るんじゃないでしょうか。

となると「これ以上、この会社で十分に働くことはできない」と思ったら、自分の意思で辞めることも考えておくことが大切になります。

働きたい、学びたいシニア層

ここで少しデータを見てみましょう。

まず政府が超長寿社会に向けて立ち上げた「人生100年時代構想会議」資料（二〇一八年五月）で、大正・昭和・平成の平均的なライフサイクルを見ると、昭和は引退後の老後の期間が男性一二・四年で女性一六・三年、平成は男性一五・八年で女性二三・四年です。

令和の時代、健康寿命はさらに延びます。六〇～六五歳で引退して九〇歳まで生きるとして、「老後」の長さは二五～三〇年間。セカンドライフばかりか、サードライフまで考えられそうです。

しかも、日本の六五〜六九歳層の就業率は、欧米諸国と比較すると、男女ともに高水準にあります。

欧米で就業率トップのアメリカ男性が三六%であるのに対し、日本は五三%と先進国でも飛び抜けて高くなっています。

日本では、さらに「いつまで働きたいか」という質問に、三人のうち二人が六五歳を超えても働きたいと答え、三割は「働けるうちはいつまでも」と回答しています。

内閣府が公表した「高齢社会白書」(二〇二一年版)によると、二〇二〇年の高齢者の就業率は、六〇〜六四歳が七一%、六五〜六九歳が五〇%、七〇〜七四歳が三三%、いずれも一〇年前と比べ、一〇ポイント以上の大幅増加となっています。

要するに、日本の高齢者は勤労意欲が非常に高く、しかも年々高まる傾向にあります。

高齢者は、なぜそんなに働くのでしょうか。働きたいのでしょうか。

最大の理由が経済状況にあることは、各種のデータが示しています。

たとえば、連合の二〇一九年の調査では、働く理由は「生活の糧を得るため」が七七

％でダントツ一位。「健康を維持するため」四六％、「生活の質を高めるため」三四％、「働くことに生きがいを感じているため」二九％、「仕事を辞めてもやることがないから」二五％と続きます。

データからは、何となく日本人の老後の姿が見えてきます。年金だけでは暮らしていけない。病気が不安。生きがい、やりがいもほしい――。

では実際、シニア層にはどんな働き方があるのでしょうか。

多くは同じ勤務先で再雇用や定年延長で働き続けます。厚生労働省の「高年齢者の雇用状況」（二〇一八年）によると、六〇歳で定年を迎えた人のうち八四％が継続雇用を希望し、その後も働き続けています。

慣れ親しんだ環境で働けるという利点はありますが、役職を失って給与が大幅に減り、やりがいのある仕事が保証されない、というデメリットもあります。

これからは経験やスキルを生かして別の会社で働くというルートもあれば、ギグ・ワーカーとしてフリーランスで働く、あるいは自ら起業するという選択肢もあるでしょう。

調査データによると、「今後起業したい」と考えている六〇歳以上の高齢者は、二〇〇七年には一一％、二〇一二年には一六％と増加傾向にあります。

実際、シニア層の独立・起業は増えており、総務省「就業構造基本調査」によると、起業家に占める六五歳以上の割合が一九八二年に八・一％だったのが二〇一二年には三二％と、三〇年で割合が四倍になるまで増えています。

業種でみると、自営業一八％、学術・研究／専門・技術サービス業一二％、生活関連サービス／娯楽業一一％となっています。

勤労意欲ばかりか勉強意欲も高く、退職後、「シニア大学生」として学び直す高齢者も増えています。大学側も「シニア専門コース」や「シニア奨学金制度」などを設けて取り込みに前向きです。

老後、働くにせよ、学ぶにせよ、第二の人生をより豊かに過ごすには、社会参加を続けていくことです。

若手に必要とされる年寄りになれ

たとえば、大企業に勤めるシニア世代が、定年以後も会社で自分の居場所を得るためには、どのような道があるでしょうか。

まず若い世代が「働いていてほしい」「手伝ってほしい」と思えるような人材である必要があります。

自分が知識も技術も身につけず、単にタラタラと働いてきて、歳《とし》をとってから文句を言う。

「若いのがおれを使ってくれない」

いやいや、それは職場であなたの使い道がないからです。

だいたい年寄りは仕事もろくにできないくせに、会社に長年いるというだけでエラそうにしている、というのが彼らの言い分です。

つまり基本的に邪魔なのです。

そうならないためには、どうすればいいか。

第2章で言及したギグ・ワーカーとして単発の仕事を受けるのは一つの選択肢です。

そのためには、若手が身につけていない専門技術や特殊技術、あるいは業界や社内の人脈を独自に持っている必要があります。

たとえば、若い社員から、

「今からこういう仕事をしたいんだけど、誰か取引先で適当な人を知りませんか」

と相談されたとき、自分が懇意にしてきた取引先の部長や、大学時代の後輩などを紹介できれば重宝されます。その際、

「このことについて、簡単に説明してもらえませんか」

と専門分野について聞かれれば、きちんと教えることができるかどうか。

あるいは、取引先に限らず、同じ社内の人脈も同様です。

「隣の課にちょっとうるさい課長がいて、若造の私が行っても相手にしてもらえません。

ちょっと行って、口を利《き》いてもらえませんか」

何十年とそこで働いているという「年の功」を生かすわけです。

こうした人材が、実は会社の内外で非常に貴重な戦力になることを、会社員を経験している人なら即座に理解できるはずです。

「あそこの会社に行って、ちょっと話をつけてきてくれませんか」

そう頼まれて、名刺を切る（差し出す）ことになれば、その人は実質その名刺の会社で働いていることになります。

自分の得意とする技術やネットワーク、ノウハウなどを提供して、一日数時間、都合のいい時間に働くのです。

「来週の水曜日、ちょっと来てもらえませんか」

組織に縛られない自由な仕事。これは実質的にはギグ・ワークです。

こうした働き方は若手や中堅の社員からも尊重され、「自分は今でも、この歳で会社に行って働ける」と本人のプライドも維持できます。シニア、若い世代、双方にとってプラスになります。柔軟な働き方なので、企業も取り入れやすいと思います。

今は過渡期ですが、いずれそういう制度が普及していくでしょう。

定年後に生きる「武器」を身につけよ

定年後に今の会社、あるいは別の会社で働くことを見据えて、中堅からシニアの会社員は何を「武器」にすればいいか、三つにまとめてみます。

まず一つは、自分だけの強みを持つために、手に職、技術を身につけることです。IＴや法務といった専門知識を含みます。

これは、若い人なら今から夜間の専門学校や理系の学部に通ってもいいくらいの価値があります。最近の言葉で言えば「リスキリング」ということになるでしょう。

二つ目が人脈です。

顔を知っていたり、一度飲み食いしたりしたくらいでは人脈とは言えません。

こちらが「頼むよ」と言えば、「よし、わかった。やれるだけやってみよう」と引き受けてくれるような強固なつながりです。

ある分野で仕事をしたければ、その分野に強い人と親しくなるように努力することです。ブラブラしているだけでは人脈は広がりません。

三つ目が海外とのネットワークです。

海外留学はどんどんするべきです。しかし留学するなら、語学力を磨くより、ネットワーク作りに力を入れたほうがいい。

ネットワークもなく、英語だけペラペラ話せても、今の時代、何の役にも立ちません。

以上の三つは、常日頃から一つでも意識して身につけておくべきでしょう。

ビジネスの立ち上げは若手に限らず、今後シニア層にも広がっていくはずです。

手に職もなく、たいした人脈もなく、海外にはネットワークもない。ないない尽くしのシニアが新たにビジネスを立ち上げようとしても、なかなかうまくいきません。

役職がつくまで何もしなかった、ということだから仕方がありません。

何もせずに儲《もう》けるなんて、誰にもできません。若いときに苦労したからこそ、それが実力となって、歳をとってもある程度のことができるのです。

「若いとき」と言っても、もしあなたが現在六〇歳とするなら、九〇歳まで生きるとしても、まだ三〇年間あります。

三〇年と言えば、生まれた子どもが結婚して、子どもができてもおかしくない期間です。

今から三〇年後の世界がどうなっているかなど、誰も予想できません。

今からでも一生懸命やれば、「遅い」ということは決してありません。

老人は若手に「席を譲れ」

終身雇用や定年という考え方は実質的にはなくなる時代が来る、と書きました。しかしそれは、

「なるべく長い間、会社で働き続けろ」

という意味ではありません。

だいたい私の経験からすると、人間、歳をとると、自分の考え方が変わるということはほとんどありません。俗に言う「頭が固くなる」ということです。

年寄りはおしなべて自分の体験の範囲内でしかものを考えることができず、自分の理解の範囲の外にある新しい領域に踏み出す勇気と情熱はありません。

発想にもアイデアにも限界があります。残念ながら、老人には若者ほど会社を変える気力とパワーはありません。

当事者の私が言うのだから間違いありません。自戒を込めて記す事実です。

そもそも自分たちがこの世にいない三〇年後、四〇年後に実現するかどうかわからないチャレンジングな計画にどれほど関心が持てるでしょうか。あえて挑戦もしなければ、投資もしないでしょう。

「そんなわけのわからないことはやめておこう」

と防衛的、保守的にならざるを得ないのです。

もし、そういう年寄りが社会のトップの座に居座り続けたらどうなるか。

今の日本を見ればわかります。政界、官界、財界、いたるところに年寄りが居座って、やたらと権力を行使しているじゃないですか。

そのことが、日本が時代に応じて変わっていくための大きな障壁になっていることに、当事者がどれだけ気づいているでしょうか。

いわゆる「老害」です。

昨今、大企業の不祥事があちこちで表面化していますが、つまるところ、みんな年寄りの旧経営陣が元凶じゃありませんか。

変転目まぐるしい時代、制度疲労を起こした日本の社会を変えるには、社会を動かす人間そのものを取り換えなければなりません。

「老人に席を譲れ」ではなく「老人が若者に席を譲れ」です。

つまり現在、権力を手にしているお年寄りに退場頂き、若い世代に権力の座を譲り渡してもらうのです。

「老人退場論」は私の若いころからの持論です。

自分のことを言えば、私は一九九八年の社長就任時の公約通り、三期六年で社長を退きました。そう言えばカッコよく聞こえますが、心身を極度にすり減らす社長業は、続けて六年が限界でもありました。

日本ではこれから、どんどん若者の割合が減っていきます。

定年を迎えても年寄りが権力を手放さずに働き続ければ、さらに若手の出番がありません。それで日本が活力ある未来を築けるわけがありません。

これから変わるべき日本を担う三〇代、四〇代を引き上げて、重要な仕事、建設的な仕事の中核はこうした若い世代に任せましょう。

私の「老人退場論」は、若者を鼓舞激励する訴えです。

同時に、年寄りは「出処進退のけじめをつけよ」という戒めでもあります。

もちろん、長年の経験に裏打ちされた知恵は貴重です。大いに若手の助力になるでしょう。

だとすれば、年寄りは若者の助言役、ご意見番として困った時の相談相手に徹する。これほど幸せなことはないでしょう。

世界を狭める過去の肩書とプライドを捨てよ

歳をとった誰もが、組織のなかで邪魔な存在になり、老害を撒《ま》き散らすわけではありません。なかには立派な見識と判断力をお持ちの方もいらっしゃると思います。

そういう方々は求めに応じて、相談役や国・地域の審議会メンバー、業界団体や非営利組織（NPO）の役員を務められればいいでしょう。

しかし、そういう人材は社会でもごくごく限られています。普通の人は六〇歳か六五歳か七〇歳か、一定の年齢を過ぎたら、ご自分のできる範囲のことをやればいいと思います。

やる気があれば、仲間と起業してもいいし、地域のボランティアやコミュニティ活動に尽くしてもいいでしょう。

働いているときに満足にできなかった趣味を存分に楽しむのもいいと思いますが、それまで社会人として蓄えてきたさまざまな知識、技術、経験、人脈、あるいは指導力、交渉能力、コミュニケーション能力といった「年の功」を生かせる場所があれば、それに越したことはありません。

自分の持っているそうした能力が定年退職によって世の中との関係を絶たれることになり、社会に還元する機会を失うのはいかにも惜しいと思います。

あなたはこう言うかもしれません。

「いやぁ、歳をとって自分ができる仕事なんて、そうは見つかりませんよ」

そんなことはありません。働く場所はいくらでもありますよ。「見つからない」と言っているのは、あなたが仕事を選んでいるからです。

老人の介護や公園の清掃など、報酬は少ないかもしれませんが、力仕事は無理でも誰かがやらなければいけない仕事はどこにでも必ずあります。

「仕事がない」というのは、そうした仕事が最初から自分の選択肢に入っていないからではないでしょうか。

そこで邪魔をしているのは、それまでの肩書に伴う虚栄心です。

「○○会社の××部長」として部下を率いていた自分が雑務や単純労働をするなんて、プライドが許さない。草むしりやマンション掃除をしている姿なんてかっこ悪くて、以前の同僚や部下に見られたくない――。

気持ちはわかります。

しかし、自分がこれまで手掛けたことがない仕事、関わろうともしなかった作業をしてみれば、思いも寄らない発見が少なからずあるのではないでしょうか。

確かに自分一人だけが草むしりをしたり、掃除をしたりするのは勇気がいります。でもみんなが自分と同じようにあちこちでやるようになれば、特別なことではありません。

要は「慣れ」ということです。

何事もやってみなければわかりません。あまり深く考えずに、まずやってみる。やってみて初めて良いところも悪いところもわかります。

過去の肩書にとらわれていると、生きる世界が狭くなります。これまでの略歴とはいったん縁を切って、「ただのおじさん、おじいさん」「ただのおばさん、おばあさん」として、セカンドライフを歩んではいかがでしょうか。

考えているだけでは人生、永遠に何も変わりません。元気を出して「二、三日で終わるかもしれない」という気持ちでもいいので一歩踏み出してみましょう。

「どうしてもこの仕事をしたくない」ということも、過去の生活の中で人によってはあるものです。たとえ社会のためになるとしても、無理をしてまでする必要はありません。

逆に「この奉仕をしたい人は会費を支払ってからにしてほしい」という制度も四国の有名地でありました。社会への奉仕だから「やってやる」ではなく、「やらせていただく」こともあり得ることを念のために言い添えておきます。

お金のない年寄りは孫にも相手にされない

こうした「第二の人生」を過ごすためには、ある程度、経済的に余裕を持たなければできません。

一方で、あまりにもお金を持っていると、それをアテにし過ぎて、第二の人生、新しい仕事に踏み出す意欲を奪われる恐れがあります。

今、ここで問題にしているのは、第1章で取り上げた、ある程度のお金は持っていても、貯金が減る一方だと不安になるので、働いていくばくかの報酬を得たい人のこと。つまり、「普通の人」です。

「お金」の効用と本質について考える良い機会です。

歳をとったら、人生で蓄えたお金の使い道も考えるべきでしょう。

たとえば私の体験談になりますが、歳を重ねると自分の家族が増え、孫が増えます。

周りは何かにつけて、

「おじいちゃん、偉いよね」

とホメてくれます。

「いったい自分のどこが偉いのか」と考えてみると、何も私の主義主張なり信条なりが立派だからではありません。

どうやら、お年玉を気前よくくれるとか、いつもおいしい食事を振る舞ってくれるとか、そのようなことで評価されているようです。

お金がなくて、孫たちにお年玉をあげることもできない。それでも孫たちが、

「おじいちゃん、偉いよね」

「おじいちゃんと一緒にいて幸せだね」

そんなことを言うわけはない、と私は理解しています。

自分の蓄えたお金を寄付して、困っている人を助けたり救ったりする行為は立派です。

でも考えてみてください。

自分の思想・信条をもとに、あちこちにお金を寄付しました。それで多くの人が喜びました。そして、相当な借金をあとに残して亡くなりました。それで家族が、

「おじいちゃん、いい人生だったね」

と言ってくれるでしょうか。誰もその人生をホメてくれはしないでしょう。

亡くなるときに、少しでもお金という大きな価値を持っていて初めて、

「おじいちゃんは偉いね。いい人生だったね」

と言われるんじゃないでしょうか。

これは酷薄かもしれないけれども、歴然たる事実だと私は受け止めています。

「余命一〇年」を宣告された

「年寄りに社会を変える気力とパワーはない」と書きましたが、歳を取ると精神面だけでなく、身体面にもガタが来ます。「年寄りの病気自慢」などと言いますが、一定の真

理を突いています。

心身一如。身体が弱ると、精神も弱ってきます。

すなわち、加齢とともに「健康の維持」が大きな課題となって浮上してきます。

定年後、働くにしても、趣味に生きるにしても、資本となるのは身体です。

「自分は若い」と思っていても、身体は歳を取るにしたがって着実に老化しています。

健康をどう維持していくかは自己責任です。

私は若いころから八〇近くまで、病気という病気をしたことがありませんでした。中学三年のときに盲腸を患ったくらい。命に関わるような病気をした記憶がないのです。

いや、命に関わると言えば、ニューヨークに駐在していたころ、「余命一〇年」を宣告されたことがありました。

当時は、仕事のつきあいで、取引先もいろいろごちそうしてくれます。もう食べ放題で、お酒も昼間から飲むような放蕩《ほうとう》生活を送って、実に不健康な太り方をしました。

金欠で新しい背広は買えないので、日本にいる父親に、

「着ている背広、いくつか送ってくれ」

と手紙を書いて、かなり大きめの父親の背広を着ていました。

ある日、みぞおちの辺りがチクチクと痛むので、病院に行ったところ、医者から、

「中性脂肪が普通の人の八倍ぐらいあります。あなた、このまま行くと、寿命はあと一〇年くらいですよ」

と宣告されました。

まだ三〇代の初め、娘が生まれて間もないころです。あと一〇年といえば、娘はまだ小学生。そこで死ぬわけにはいきません。まだまだやりたいこともあります。

医者からお酒や肉類、炭水化物の摂取を減らすよう命じられたので、そこからは野菜と豆腐を中心とした食生活に切り替えて、いつの間にかニューヨークでベジタリアンと友達になっていました。

いっさいの酒と肉類を絶ち、野菜中心の食生活に変えたら、みるみる中性脂肪の数値が落ち、医者からは、

「あなたは理想的な患者だ」

と太鼓判を押されました。

当時の体重七〇キロから、一時、三割近くは減量しました。しかし、そこからが私の横着なところです。

「あっという間に落ちるなら、好きなものを食べて飲んで、太ったら、また落とせばいいじゃないか」

と、暴飲暴食を再開したら、医者から今度は大いに叱られました。

「あなたはちゃんとした食生活を続けなければ、またすぐに戻るリバウンド体質なんです。そんなふうに無茶な太り方や痩せ方をしていたら、また寿命を縮めますよ」

それからは一気に食生活の切り替えや減量をせず、少しずつ実践するように心がけています。たとえば平日は野菜中心、土日は何を食べてもいいことにしました。

健康管理はいっぺんにすべてやろうとせず、できる範囲のことを継続することが大事なんじゃないでしょうか。あまり参考にならないかもしれませんが、私の拙《つたな》い体験談です。

突然、歩けなくなった

仕事で犠牲になりがちなのが健康です。

私のニューヨーク時代は、それこそ土日も関係なく働いていました。普段は朝の五時とか六時にヨーロッパからの電話でたたき起こされ、夜は日本相手に残業続きです。そんな生活をしていても平気でした。だから、

「仕事で体は壊れない」

ひたすら働き続けたなかで、私はこのことを確信しました。

実際に体を壊すのは、仕事そのものというよりも、不規則な食生活と不摂生を促す飲酒や麻雀などのアフターファイブのせいではないか、と私はにらんでいます。

今はもうお酒はやめていますが、現役時代は社内外とのつきあいで、お酒も相当飲ん

でいました。

飲酒による「失敗談」というか「心配談」は山ほどあります。中央線に乗ったまま寝込んで終点まで行ったとか、気持ち悪くなって満員電車から降りた途端、目の前が真っ白になって倒れたとか、まぁいろんな経験をしています。

幸いなことに病気にならないものだから、薬は飲みません。血圧が高いと言っても、「その程度ならいい」ということでやってきました。

そんないい加減な生活による負荷が歳を経るとともに積もりに積もって、八〇歳を迎えたときに一気にガタが来たんだと思います。

二〇一九年の夏の暑い日のことです。職場の事務所から出て、地下鉄の半蔵門駅に向かって歩き出したところ、突然、足が動かなくなりました。

痛みも何にもなく、ただ一歩も足が前に出ません。

仕方なく、タクシーを呼び止めて帰宅し、病院で受診したところ、即入院を宣告されました。検査をしたら、どこにも悪いところが見つかりません。初めて耳にする原因不明の筋肉炎症疾患です。

なぜ自分がそんなことになったのか。

八〇という年齢を顧みず、休みなく仕事とお酒を続けてきた無理がたたったということでしょうか。

「とにかくお医者さんの言う通りにやっていれば治るだろう」と思って、節制しています。

腰も痛め、退院後も人生初の自宅療養的な生活を余儀なくされました。

年齢を軽視せず、自分の身体を十分におもんぱかって、あまり無理しないことです。

そして、自分のやりたいことをやるときは、自分の力量の範囲でやることです。

ところが、自宅療養とはいっても仕事は続けることができます。

そう、テレワークです。

講演やインタビュー、ミーティングはZｏｏｍなどのウェブ会議サービスを利用して続けることができました。欠点はあるにせよ、使い方によっては非常に便利なツールです。

ツールの利点をいかに生かすかは、使い手にかかっていると思います。

健康法は自分の調子に合わせるのが長く続けるコツ

よく「健康法」を聞かれるのですが、これといった健康法はありません。食事はすべてワイフ任せです。野菜を摂《と》りなさい、私の体質では動物タンパク質はよくない、でも摂らなければ筋肉が付かない……いろいろと気を遣ってくれていますが、気にしすぎるとキリがありません。

長年続けているのは、毎日三〇～五〇分の散歩です。始めたのは社長になったころなので、もう二〇年以上になります。今は夕方の散歩に変わりました。

「社長である自分の身体は、会社のためにある」

そう思い定めて、少なくとも社長をしている間は、人様に迷惑をかけないよう規則正しい生活をして健康でいようと始めたんです。

振り返れば、そういう生活をしていたからこそ社長業を任期いっぱいまで務めることができたのだと思います。

毎晩の就寝前の読書と同じで、小雨が降ろうが小雪が降ろうが、かなり天候の悪いときを除いて、毎日歩きます。

自宅近くの遊歩道を中心に少し早歩きで、その日のコンディションに合わせて速さを加減しています。

私は歩きながら、ものを考えます。アイデアが浮かぶと、忘れないようにメモをとるため、紙と鉛筆を持って歩くようになりました。しかし、書き留めるには、いちいち立ち止まらなければいけないから不便です。

録音機を持って声を吹き込むようにしてみましたが、歩きながらしゃべったり、立ち止まって吹き込んだりと、やっぱり面倒です。

「歩いている間に忘れるようなアイデアなら、もともと大したことがない考えだ。本当に重要なら忘れないはずだろう」

そう気づいてからは、手ぶらで歩いて、帰宅後にメモするようになりました。

突然歩けなくなった病気を患ってからは、毎日、午前と午後にリハビリと称して自分流の軽い運動を半時間ほどしています。血流を良くするため、筋肉を伸ばすストレッチです。

できなかったり、したくなかったりすれば、仕方ありません。毎日ではなく二日に一回にするとか、一時間だった運動を三〇分にするとか、自分なりに加減しています。

無理をせず、自分の調子に合わせるのが長く続けるコツです。

人に喜ばれることに力を尽くせ

この章の冒頭でも紹介しましたが、長寿社会となり、「定年後、やることがなくて困っている」というシニア層の困りごとをよく耳にするようになりました。

そんな方々に、四つほど提言します。

一つ目は、人に喜ばれるようなことに力を尽くすことです。これは「仕事」を考えるところでも提言しました。

やることがないのは、あなたがその「やること」を、「自分のためにやること」に限定しているからです。

自分のことだけを考えるのではなく、何か他人の役に立つ、社会の役に立つ、社会に還元する意識を持つ。それは老後を生き生きと過ごす秘訣《ひけつ》です。

自分の力で人に喜んでもらうことは、人間の根源的な喜びの一つです。

難しく考えることはありません。最初、照れくさければ、ほんのわずかなことから始めてはどうでしょう。

散歩している人にあいさつをする。道端に落ちているゴミを拾う。子どもに席を譲ってもらったら「ありがとう。助かるよ」と言う。子どももうれしそうな顔をするはずです。自分のできることから少しずつ。

二つ目は、人の目を気にしないことです。「照れくさい」「カッコ悪い」と思うのは、あなたが他人の目を意識しすぎるからです。

しかし、世の常として、人は自分が思うほどあなたのことを気にかけていません。あなたがひと昔前の服を着ていようが、無精ひげを伸ばしていようが、後頭部がはげていようが、いちいち気にしている人はいませんよ。

たとえ、あれこれ陰口をささやかれようと、他人に迷惑をかけない限り、自分のしたいこと、しなければと思ったことをするという気持ちを持ったほうがいいと思います。

とくに日本人は周りの目を過剰に意識します。他人の視線を気にして、自分の立ち居振る舞いを決めていると、自分の行動領域を狭め、そのうち自分を失います。

あなたはこれまで十分、人の目を気にしてきたのだから、これからはあまり気にせずに、自分の思うままに言葉を発し、家の周りをきれいにしたいなと思ったら掃除をする。

その都度その都度、やりたい、やってみたいと思うことがあれば、躊躇《ちゅうちょ》せずに行動に移す。それは「自分を解放することだ」と考えればいいと思います。

感激、感動を忘れるな

三つ目は、できるだけ人と話をすることです。

他人とのコミュニケーションは、新しい発見や生きる刺激をもたらします。相手の言葉がヒントになって、自分の興味を新たに見つけることもあるでしょう。

どこかの病院で耳にしたことですが、一日に六回は人と話をする。六回に意味はないようですが、とりあえずの数値目標です。

会話は何も人と言葉を交わすことだけではありません。話ができなければ、歌を歌ってもいいでしょう。

私の場合は、本を読むことが、すなわち他人と話をすることです。読書は作者との対話です。そうなれば、話し相手は古今東西の偉人、賢人、英雄、天才……刺激には事欠きません。

話をする相手がいなければ、自分と話をしてください。

私の場合、一人で散歩をしながら声を出し、考えを巡らせています。

最近は歩きながら、心に浮かぶ親族や忘れがたい人々と話をすることもあります。時に励まされたり時に目頭を熱くしたり、「あなたの分まで生きているんだよ」と言いながら、楽しく悲しく会話をすることもあります。

四つ目は、感動を味わうことです。私の体験から言えば、歳を取るにしたがって、身体だけではなく、情動の動きも鈍くなり、笑ったり泣いたり感動したりすることがなくなってきます。

「このところ、腹の底から笑ったことがないな」

そう思ったので、私は知人たちと漫才を見に行きました。

「最近、あまり感激した覚えがないな」

これはまずいと、若いころに読んで心を震わせたロマン・ロランの長編小説『ジャン・クリストフ』の再読を試みました。

感動は心のエンジンです。エンストを起こさないように心がけてください。
いくつになっても、心が震えるたびに、心はそれだけ成長するように思います。

第5章

生きる——いつも自分の心に忠実に生きよ

「親ガチャ」にとどまるな

少し前に「親ガチャ」という言葉が若者たちの間で、はやっていることを知りました。子どもがどんな親のもとに生まれるのかは運任せ。生まれた家庭環境によって、人生を大きく左右されることを指しています。二〇二一年の新語・流行語にも選ばれました。たとえば、貧困家庭に生まれた子どもが「親ガチャに外れた」「親ガチャに失敗した」というふうに使うそうです。

流行の背景には「経済格差の固定化がある」という指摘もあります。

確かに日本で格差は拡がる傾向があるとともに、親が貧乏なら子も貧乏、親が低学歴なら子も低学歴と、以前に比べれば格差が固定化していることはデータで示されています。

容姿や身体能力などが遺伝で左右される部分があることも事実です。

親による子どもへの虐待やネグレクトが増えている現状を含めて考えれば、親ガチャ論を単純に、

「社会の厳しい競争を受け入れられないわがまま」

「人生が自分の思い通りに行かない人間の甘え」

といった精神論ですべて片付けられない側面があります。

そのうえで言うのですが、私は若い世代が自らの不運を嘆いたり、人生を諦めたりするところでとどまってほしくない、と思っています。

私は本屋の息子、そして兄弟五人の次男坊として生まれました。とりわけ貧しい家庭に育ったわけではありませんが、当時は物が少なく、質素倹約の時代でした。

だから着る服はいつも長男の御下がりで、破れたりほつれたりしたところはおふくろがせっせと縫い合わせてくれて、新品なんて着たことがありませんでした。

服だけではなく、文房具も日用品も御古でした。

ところが、御下がりは私が使い倒して、それ以上は使えません。だから弟の三男坊は

いつも新品を買ってもらえるわけです。

長男と三男はいつも新品で、私はいつも使い古し。服や文房具に限らず、食事やおやつにしても長男がいちばん。田舎では何をおいても長男第一なんです。

これで「この野郎！」と思わないはずがありません。

「なぜ自分だけ御古なんだ、おかしいじゃないか」

私のような人間ができたのは、自分が筋金入りの次男だったことが少なからず影響しているんではないだろうかと僻《ひが》んでいるんです。

たとえば、理不尽なことを見過ごすことができない私の性分は、そこから来ているような気がします。

「弱い者いじめは許せない」という正義感が芽生えてきたのは、高校生のころからです。

大学生になると、入部していた新聞部をやめて、いつの間にか六〇年安保闘争に力を入れていました。

反骨精神は会社に入ってからも収まらず、物知らずの新入社員だからということもあり、組合役員になっていました。

反骨組合役員は会社のリスクということか、人事部長から、

「社長秘書をやってくれないか」

という打診がありましたが、すべての面で最も不適な社員だと本人が一〇〇パーセント自覚しています。

「白羽の矢」と言われましたが、きっぱり断りました。周りには、せっかくの出世のチャンスをふいにしたバカなやつ、と映ったと思いますが、未練はありませんでした。

職場でパワハラや理不尽な問題が生じると、上司であろうと役員であろうと、

「それはおかしいんじゃないですか」

とはっきり申し上げました。

両親が私に対して「御下がりはかわいそうだから新品で」なんて言って育てていたら、こんな子どもはできなかったのではないかなぁと今でも笑ってしまいます。

自分の不運に感謝せよ

確かに子どもは親ガチャ、親を選べません。自分の力でどうしようもないこともあります。

社会は不平等で、人生は理不尽です。

しかし一方で、貧しい家庭に生まれながら、刻苦勉励して社会的に成功したり、立派な業績を残したりする人物も少なからずいます。

いや、むしろ名を成した人の多くは、幼いころに環境に恵まれなかったり、若いころに逆境や挫折を経験したりしています。

何が違うのかと言えば、自分の不遇や不運について、

「だから自分は何をやってもダメなんだ」

とあきらめるか、

「だから自分は頑張らなきゃダメなんだ」

と一念発起するか、です。

しかし、私ならもう一歩踏み込んで、こう言いたいと思います。

「自分の不幸を喜べ」

「自分の不運に感謝しろ」

親次第であなたの人生がすべて決まるわけではありません。

家庭環境であなたの将来が完全に左右されるわけでもありません。

不遇と不運が一生続くわけではなく、長い人生のほんの一時期のことです。

不遇と不運が親や家庭のせいということは、もちろん事実としてあるでしょう。

しかし、都合の悪いことはすべて親のせい、家庭のせいにするのではなく、あえて

「自分のせい」だと、すべてを引き受けるのです。そこから、

「じゃあ、人の二倍、自分は勉強しよう」

「こんな逆境に負けてたまるか！」

という気力と闘志が湧いてきます。

貧しくて苦しい立場に自分が置かれたからこそ、それを乗り越えていこうと努力する機会を神様が与えてくれた。手痛い失敗を乗り越えて、仕事が成功するよう力を発揮するきっかけを神様が与えてくれた――。そう考えてみる。

もちろん、成功者や勝利者なら簡単でも、現在《いま》不運に直面している人にはなかなか難しいことです。

努力すれば必ず成功する、願いがかなう、というわけでもありません。どれだけ努力しても、どうしてもだめだということもあります。

ただ、これだけは言えるのは、

「勝利や成功の陰には必ず不断の努力がある」

ということです。

「いや、天から降ってきたような勝利や成功だってあるでしょう」

それは実力ではないので長くは持ちません。と同時に、本人を幸せにするどころか、不幸にする可能性すらあると思います。

将棋の棋士の藤井聡太さんは、六三歳離れた私の最も若い友人です。

藤井さんを誰もが「天才」と呼びますが、しかし彼は生まれながらにして天才だったかというと、そうではないと思います。

本人とも直接話しましたが、彼は恐ろしいほどの努力家です。

対局に負けたら泣いて悔しがったという幼いころのエピソードは有名ですが、幼な心にも敗北が我慢できず、一心不乱に将棋に向かったはずです。

寝ても覚めても真剣に将棋のことを考えている。

ただ、藤井さん自身はそれを「努力」とは思っていなかったでしょう。なぜなら、「将棋が死ぬほど好きだったから」です。

神様が彼に与えたのは、勝つための特別な能力ではなく、我を忘れるほどまっすぐに努力できる特別な能力だったのではないでしょうか。

生きている限り努力を怠るな

親ガチャと同じように、「生まれたときから決まっている」「自分では選べない」といえば、遺伝がそうでしょう。

将来はデザイナーベイビーのように、遺伝子を操作して優れた人間をつくり出すという時代が来るかもしれません。

ヒトのゲノムは30億の文字列（塩基対）からなり、その中に約2万の遺伝子がありますが、そのうち九九・九％は同じ遺伝子情報を持っているそうです。

個体間の差は、わずか〇・一％。

つまり人間は遺伝子的には、ほとんど差がありません。言い方を換えると、「生まれながらの天才」なんて、ほとんどいないということです。

では、どこで人間に差がつくか。それは多言を要しません。

「努力をするか、しないか」です。勉強や仕事で同級生や同僚に負けた。それは生まれつき持っている能力の差ではありません。

あなたを負かした彼・彼女はあなたの何倍も努力していると考えたほうがいいでしょう。自分が勝ちたいと思うなら、彼・彼女の何倍も努力をすることです。それしか有効な方法はありません。

「親が悪い」「家庭環境が悪い」という言葉が説得力を持つのは、精一杯努力しても報われないときに限ります。努力せずして成功や勝利を手にすることができる、などと甘い考えは捨てたほうがいいでしょう。

もちろん、あなたが死ぬほど一生懸命に努力したら、大谷翔平のようになれるか、藤井聡太のようになれるか。それはわかりません。

しかし、あなたは二人が現在の場所にたどり着くまでにどれほどの努力をしたかを知りません。

あなたは懸命に努力をしたかもしれませんが、二人はその一〇倍も一〇〇倍も懸命に努力をしたかもしれません。

「一生懸命」に限界はないからです。

たとえば、囲碁界で史上初の二度の七冠独占を達成した井山裕太さんは、中学一年でプロの囲碁棋士になるまでに、師匠と一〇〇〇局以上もの対局をしたそうです。

その努力の積み重ねによって、持って生まれた才能に磨きをかけていきました。

天才ならぬ私たち普通の人間が思いを遂げるには、一日たりとも努力を怠ることなく、死ぬまで努力することです。

「自分には生まれ持った才能がある」

そんなことを期待してはいけません。

相手が三時間やるなら、あなたは四時間やりなさい。

たゆまず努力を続けていると、ある日、

「簡単に問題を解けるようになった」

「うまくやるコツをつかんだ」

と自分の実力アップを実感するときが訪れます。あるいは、

「時間を忘れて仕事をしていた」

「その仕事がやめられないほど好きになった」

と自分で気がつかないうちに、取り組み方が変わることがあります。

自分が本来持っていた能力と努力がぴったり一致して、その能力が十全に発揮され、ジャンプアップする。急速に能力が伸びる瞬間。

私が「DNAのランプがついた」と表現する瞬間です。

努力の継続こそが、過去何千年と続く先祖から受け継いだDNAが花開く道であり、DNAのランプに灯をともす方法です。

このランプは明日つくかもしれません。一〇年後かもしれません。

いつまで努力すればいいのか。

生きている限りずっと、です。努力、努力です。

私たちは「今日は疲れたから」「明日また必ずやるから」という理由で、ついつい怠けてしまいます。

しかし、そうして一日、努力を怠った瞬間、もしかしたら今日灯《とも》りかけていたDNAのランプは、二度と灯らなくなるかもしれないのです。

いつになれば、ランプはつくのか。

残念ながら答えはありません。

「努力」を「努力」と思わなくなる日までです。

私は繰り返し言います。

好きであれば飽きない、いつまでも続けることができる。そんな対象を見つけたら、周りからどう思われようと、飽くなき努力を続けてください。

好きなものが見つからない場合であろうと、決して諦めないで今まで通り続けてください。

八〇年の経験から言わせてもらえれば、DNAのランプは必ずつきます。

だから決して諦めてはいけない。途中でやめたら、過去がゼロになってしまうじゃないですか。

「自分だけが――」という落とし穴

私も歳《とし》だけは取っているので、これまでさまざまな人の悩みを聞いてきました。また実際に就職や仕事に関する相談を受けることもあります。

「自分が就職したい会社に行けず、とりあえず就職した会社では希望していない営業に回されました。人生が自分の思うようにいかないとき、どのように身を処していけばいいですか？」

「同期のなかで自分だけがうまく内定を得られず、焦りと不安で押しつぶされそうです。就活に際しても自分の強み、長所を見つけられません。どうすれば乗り越えることができますか？」

二人とも今の自分に自信がなく、自分だけがダメな人生を送っていると思い込んでいる点が共通しています。

今は目先のことでいっぱいいっぱいかもしれませんが、生まれて二〇年か二五年で人生が決まるわけではありません。

ここでダメでも、次があります。次がダメなら、次の次があります。

良いことだらけの人生はないし、悪いことだらけの人生もありません。良いこと、悪いこと、人生さまざまです。

同じように、人間なら誰しも良いところもあれば、悪いところもあります。良いところだらけの人はいないし、悪いところだらけの人もいません。

就職で受かった人、希望の部署に行けた人がみんな幸せで、就職に落ちた人がみんな不幸せになる？　そんなことはありません。長い人生です。幸せも不幸せもずっと続くことはありません。

他人と比べずに、自分に正直に生きることです。

「周りは希望の会社にうまく就職しているのに」

「みんなはちゃんと内定をもらえているのに」

つい「自分だけが――」と思って焦ってしまう。

「みんなそうだから」とか「周りからどう見えるか」といったことに囚われず、一時点ではなく、あなた自身が長い人生で本当に何を求めているのかを考える。

ありのままで、着飾ったりせずに、自分の将来を見つめることが大事です。

功成り名を遂げ、健康で元気なように見えても、実際に話を聞いてみると、「あそこが悪い、ここがダメ」と誰もが問題を抱えているものです。

あなたから見れば、周りは人生が順風満帆、心配も不安もないように見えるかもしれませんが、人生は広くて深い大洋です。同じ天気が続くことは決してありません。人生＝大洋と考えましょう。

悩みは「生きている証拠」

あなたはたくさんの悩みを抱えています。それは自分のことだから、よく知っているはずです。

しかし、あなたの周りも同じです。悩みがないように見えるのは、一人ひとりが他人に話していないだけです。

人生において悩みのない人は一人もいません。あなたは自分以外を知らないだけです。人間は必ず悩みを持つ動物です。

夫が浮気をしている、営業成績が伸びない、がんが再発した、引きこもりの孫がいる、頭髪が薄くなってきた……深い悩みからささいな悩みまで、人間に悩みがなくなることはありません。

大谷翔平だって藤井聡太だって悩みがあるでしょう。時には打てない、勝てない、どうしていいかわからない……言えばキリがないくらい、人には言わない悩みがあるはずです。

けれども、「悩みはなくて当たり前」「問題を持っていないことが幸せ」と思い込んでいる人が多すぎます。

人生の後ろにいつも神様がいるわけではありません。うまく行かなくて当たり前です。いい大学を出て、いい会社に入って、家庭にも恵まれて。そんなふうにいつも充実した人生を送れるとは限りません。

人生、トントン拍子で波風がなくてつまらない――。今度はそれが悩みとなります。生きている限り、必ず悩みがあります。だから、もしも本当に悩みをなくしたいなら死ぬしかありません。人間、悩みがなくなるのは死ぬときです。

死ぬためには、食べものを摂《と》らなければいい。食べないでいると、お腹が空《す》きます。何か食べるものないかな。すると、それが悩みになります。

死のうとすると、もう既に悩みが始まる。要するに人間から悩みを取るためには死ぬしかなく、死なないから悩みが生じるのです。生きている限り、悩みはついて回ります。

逆に言えば、悩みは「生きている証拠」です。

悩みがあるからこそ、それを乗り越えようという気力が湧き、知恵や工夫が生まれ、人とのつながりを大事にするようになるのです。

それが生きることの醍醐味《だいごみ》であり、妙味です。喜びであり、深みです。

その醍醐味を味わう機会を神様があなたに与えてくれた、と思ったらどうでしょう。

あるいは「この問題を乗り越えられるか」と神様があなたを試しているのです。

あなたは悩んでいる。だから生きている。生きていることを味わっている。そう思い定めてください。

サムシング・グレートによる「奇跡」の共通点

ニューヨークに駐在していたときです。先にも記したように穀物相場で、当時の会社の税引き後利益に匹敵する五〇〇万ドル（当時一ドル約三〇〇円）近い含み損を出したことがあります。私は三〇代、相場の勉強を重ねて経験も積み、自信がついてきたころでした。

当然、クビを覚悟して辞表も書きました。

長い夏を神も仏もない生活を過ごしました。

自ら命を絶ちたくなることもありました。しかし、自殺は生きる以上に苦しいものです。自分がいなくなれば、家族、会社の多くの人々に長年にわたる苦しみを残すことになるでしょう。独りで耐えて最大の努力を続けるしかありません。

あのときは、かっこよく言えば死に物狂いで努力しましたが、やがて状況が変化の兆しを見せ始めました。含み損が解消され始めたのです。

奇跡だと思いました。当初は孤独で太陽のない天を仰ぎましたが、このときばかりは、神の存在を感じないわけにはいきませんでした。

また社長時代、三九五〇億円という業界最大規模の不良資産を一括処理した際のV字回復のときもそうでした。

一括処理して株価が下がり続ければ、会社は潰れるかもしれません。そうなれば、グループ何万人という社員とその家族が路頭に迷うことになります。口がパサパサに乾き、食べものがのどを通らない気がしました。

ところが、マーケットが開いたときに株価は暴落せずに、むしろ上がると同時に子会社の株まで上がったのです。私はうれし涙を禁じ得ませんでした。

「ウソをつかずに、懸命に努力する姿を神様は見ていてくれた。奇跡のような出来事は、それに対して神様が与えてくれたご褒美じゃないか」

そう思いました。

「神様」と書きましたが、私は若いころから、神という存在を形のうえで信じたことはありません。いわば無宗教です。

しかし、宗教の有無を超えて、人間を超えるものが世の中にはあり、それは私たちをずっと見守っている。そう信じなくては、私の心と頭は生きていけないのです。

人間の力を超えたものの存在を信じなければ、世界はルールもモラルもない弱肉強食の無法地帯になります。そうした何かの存在を信じることができるからこそ、人間は人間らしく生きていけるのです。

人間の力を超える何か。私はそれを「サムシング・グレート」(偉大なる何者か)と呼んできました。

前述した二つの「奇跡」には、いくつか共通点があります。

一つ目は、私は絶体絶命の危機にあった、ということです。足を少しでも踏み外せば、奈落の底にまっさかさまに落ちていく崖っぷちを歩いていました。

二つ目は、私は命がけの努力をしていました。目の前の巨大な壁を、ただひたすら乗り越えようと必死でした。

三つ目は、私には私心がまったくありませんでした。壁を乗り越えれば自分が評価されるのではないかとか、これで偉くなってやろうといった気持ちは、一片も持ちようがありませんでした。

四つ目は、私は独りでした。もちろん、励ましてくれた人はいましたが、何の力にもなりません。当たり前ですが、私は独りで考え、独りで自分と闘ったのです。

つらい状況にあればあるほど、そのことを他人と分かち合いたくなるのが人間です。この孤独をきっと神様が見ている。だから最後まで耐えることができる。その意味では孤独を自虐的に楽しむ心境です。

と、うまくいけば、何とでも言えます。神様がどんなふうに私を見てくれていたかはわかりません。「こういうふうに見てほしい」と期待したこともありません。今だから脳天気なことが言えるのです。

ただ、この四つのうちのどれか一つでも欠けていたら、私は奈落の底に落ちていたのではないでしょうか。

不幸の結末を予測することはできません。幸せと同じく、人生とは人間の心と頭を超えるものだからです。

成功も失敗も誰かが必ず見ている

ただひたすら自分のできることを一生懸命やった。それでも失敗した。それは神様が見て「おまえがやったことは、どこかで間違っている」と判断したんでしょうか。

いや、そうではなく、私が失敗したのは、どこか別のところで成功しているからではないだろうか。

一つ間違えば、一つ良いことがある。人生は良いことばかりでもなく、悪いことばかりでもない。

私は良いことが続くと、

「ああ、これは悪いことが来るぞ」

「ちょっと危ないな、これ」

と絶えず「慎重にゆっくり」と心がけています。

あらゆるものが、あまりにうまくいっていると、

「この状況は良すぎるぞ」

「ちょっと有頂天になり過ぎていないか」

と気持ちを引き締めます。

自分が良いことをしているということは、周りの誰かがどこかで悪いことをしている可能性がある。

自分が良い目を見ているということは、反対にひどい目に遭っている人が周りにいるのだろう。

もちろん、科学的、合理的な判断ではありませんが、それは大きくは間違っていないという確信があります。

世の中は人間がまだ知らない、わからないことだらけです。宇宙や素粒子のことだけではありません。脳や身体の仕組みなど、自分自身についてさえ、ほとんど何もわかっ

ていないのです。

とすれば、この世には人間の理解を超える理《ことわり》、秩序があるのかもしれません。人間を超えるもの、神様、サムシング・グレートとはいったい何でしょう。

子どものころ、祖母に言われた言葉。

「どこでもいつでも、お天道様は見てござる。まじめに一生懸命やりなさい」

その「お天道様」でしょうか。

私自身は勝手に「自分以外のすべての人間」だと思ってきました。

自分の周りの人間すべてを神様と思えば、良いことも悪いことも誰かが必ず見ています。

誰も見ていないと気が緩み、人間は怠けたり悪いことをしたりします。しかし、自分以外のすべての人間が自分を見ています。誰も見ていないということはありません。

人知れず懸命に努力する。その姿を誰かが必ず見ています。上司、同僚、部下、取引先、友人、家族、親族、そして路傍の他人……。

だから、悪いことをしてはいけない。ウソをついてはいけない。楽をして、良い目を見ようとしてはいけない。必ずその報いがある、と私は思ってきました。

そして、自分の八〇年余の人生を顧みると、やっぱりその考えは間違っていませんでした。

「清く、正しく、美しく」生きようとすることの意味は確かにある。

私はそう信じて疑いません。

自分の心に忠実に生きる

「清く、正しく、美しく」は、私が社長就任時、社員の意識改革を促すために、会社グループの世界の仲間たちにも呼びかけた言葉です。「クリーン、オネスト、ビューティフル」と英語で呼びかけました。

もう一つ、私は自分の心のうちに抱いている大事な言葉があります。

「自分の心に忠実に生きる」

です。これはロマン・ロランの長編小説『ジャン・クリストフ』の中に出てくる言葉です。ロランはこの時期にベートーヴェン、ミケランジェロ、トルストイの伝記を書いています。

ロラン自身が発言したわけではありませんが、ベートーヴェンを中核にミケランジェロ、トルストイの生き方、考え方も反映させながら、理想とする人物像を主人公のジャン・クリストフに託した、とされています。

作曲家としての才能を開花させたジャンが、音楽界の不正や聴衆のヤジなどさまざまな苦難に立ち向かいながら大成してゆく姿を描いたこの作品（文庫本で全四冊、二〇〇〇ページを優に越す大著）を読み切って、「自分の心に忠実に生きる」という言葉が心に焼き付きました。

そして、その精神が、その後の自分の生き方の指針になりました。

たとえば、お金のため、出世のため、名誉のために自分にウソをつき、人を騙《だま》して生きていくのは、私に言わせれば卑怯《ひきょう》な生き方です。

だから、お世辞は言わないし、「間違っている」と思ったら、自分の気持ちを曲げずに、相手が上司でも先輩でも自分の考えを口にしました。

周りからは、生意気で無遠慮なやつだと思われていたに違いありません。

中国大使時代、東京都の尖閣諸島購入計画に対して、私が英紙のインタビューに、「計画が実行されれば、日中関係に極めて深刻な危機をもたらす」と答えたことが日本に伝わると、日本中から「媚中《びちゅう》派」「親中派」などと批判の声がいっせいに沸き起こり、孤立無援の状態に陥りました。しかし、「自分は間違ったことは言っていない」

このときも自分の信念を最後まで貫いたジャンの生き方を思いました。

まだ若いころ、私は会社で一度だけウソをついたことがあります。やっていない仕事を「やった」と上司に伝えたのです。仕事上のヘマで、ニューヨーク赴任の話が流れるのではないかと恐れたのです。

それからの何週間か、「あのウソがばれたらどうしよう」と鬱々とした暗い日々を送りました。心の底から笑えない。酒を飲んでも旨くない。

それ以来、自分は「絶対にウソをつかない」と心に誓いました。

人に迷惑をかけるようなウソはつかない。そして、自分の心にもウソをつかない。暗い日々を送りたくない。

ただし、自分の心に忠実に生きることは、思うほど簡単ではありません。

とくに同調圧力が強い日本では、つい自らの心に蓋をして世間の動きに流されたり、周囲との衝突を避けて沈黙したりしてしまいます。

そして、一度自分の心に目隠ししてしまうと、とめどなく周りに流されて、そのうちに自分が志していたこと、本当に望んでいたことを見失ってしまいます。

人生の最期、死ぬ直前まで後悔はしたくありません。心清らかに、安らかに目を閉じたいのです。

「自分の心に忠実に」という生き方だけは最期まで全うしたいと思います。

毎日、いつでもどこでもベストを尽くせ

私にいつお迎えがくるかは神のみぞ知る、です。

ただ、いざそのときには、

「ああよかった。おれはこの一生、誰も裏切っていない。誰にもウソをついていない。人に恨まれることもしてはいない。おれは自分がこうありたいと思うまま生きてきた」

そう思いながら、この世に別れを告げたいと考えてきました。

最近の私のキーフレーズは、

「自分にウソをつくな」から、

「Do my best, everytime everyday, everywhere.」

になりました。

毎日、いつでもどこでもベストを尽くせ。

生きていれば、必ず失敗します。「間違った」と反省したり、「ここはこうするべきだった」と後悔したりするときもあります。

しかし、その判断、その行為は、その時々の自分のベストなんです。その都度その都度、自分が精一杯やった結果、「しまった！」と思うこともあるでしょう。でもそれはその時、その時の自分のベストの発言であり行為です。

歩いていて転んでケガをした。それもベストの結果です。もしも転ばなかったら、もっといいことがあったか。車が走ってきて、もっと悪いことが起きたかもしれない。それは誰にもわかりません。

だから、その都度「これが自分のベストだ」と考えるようにしています。

「昨日、ストレッチをサボってしまった。ちゃんとやっておけばよかった」

そんなふうに反省しても仕方がありません。それがそのときのおまえのベストジャッジなんだから。それがおまえの限界なんだ。現実問題として、やる時間なんてなかったじゃないか。今度は短時間、集中してやればいいんだよ。そんなふうに自分に言い聞かせています。

どのような過程をたどり、どのような結果に終わったとしても、自分の身に起こったことは、ある時点で自分が考え、行動した結果ですから、自分にとってベストの出来事です。

その意味で、「ドゥ・マイ・ベスト」は究極の現状肯定の言葉であるとともに、あらゆることに後悔しないよう精一杯やるという全力投球の覚悟を示す言葉でもあります。

実を言うと、「ドゥ・マイ・ベスト」は、私が八〇歳近くなってからの座右の銘です。考えてみると、いつも「しまった、こうすればよかった」「まずい、ああすればよかった」と反省ばかりしていました。

しかし、失敗のない日々、後悔のない人生なんて「欲ばり」というものです。それが、そのときの自分のできる精一杯のことだったのです。

後悔したり反省したりすると、いかにも何かをしたような気持ちになります。しかし実際は何もしていません。後悔しても、自分の実力が上がるわけではないのです。

「しまった、あのとき、あれをすべきだった」

しかし、「あのとき」はもはや過去のことであり、自分が生きているのは現在から未来です。

日々ベストを尽くしていれば、その結果が紛れもない自分の実力です。

私たちができるのは「しまった」と思わないように毎日を生きることです。自分のベストの日々の積み重ねが自分の実力になるのです。

これまで自分にとってとても大切な人を見送ってきました。それぞれ、ベストを尽くして生きてこられたのではないでしょうか。

「あのとき、ああすれば良かった」と言ったところで何の意味もありません。そこで命を永らえても、翌日に交通事故で命を奪われたかもしれません。

私たちはそういう運命をそれぞれ身に宿して生きているのです。

でも、なかなかそんなふうに達観して生きることはできません。

「ああすればよかった、こうするべきだった」と後悔、反省するのが人間です。これはなかなか困難な人間修行と言えるでしょう。

みなさんも、ある年齢に達したとき、「ドゥ・マイ・ベスト」の精神で過ごすことができれば、少なくとも前向きになり、心が明るくなります。

さて、私は明日の散歩中に転倒して頭の打ち所が悪くて死ぬかもしれません。でも、それが私のベストの結果なのです。

私の人生、すべてベストを尽くした。そんなふうな気持ちで死ぬことができれば、と思います。

一歩踏み出せば、見える風景が違う

私たちがすることは、その時点での自分のベストです。

成功しようが、失敗しようが、それが自分の能力と人生の最大限の結果、ということです。

そう考えれば、あなたが今生活し人生を送る気持ちは決まっています。

自分が良いと考えて、やろうと思っていることを、自分を信じてやることです。

みんな現実に足を置いたまま、「失敗しないか」「挫折しないか」と、いろいろ先を想像するから足が前に出ないのです。

そうして時間だけが過ぎていきます。

あなたは「自分の能力ではできない」と思っているかもしれません。でも、そうすると、いつまで経《た》っても「できない」かもしれませんが、それがその時々のあなたのベストなんです。

自分がいいと思ったことはその時々のあなたのベストなんだから、ごちゃごちゃ言っても意味がないことです。

やらずに、ごちゃごちゃ言うのはやめなさい。

目を開けて、一歩前に踏み出すのも良いでしょう。

踏み出さなければ、何も始まりませんが、それもその時々のあなたの結論です。

今もあなたは過去、現在、未来の真ん中に立っています。

それでも一メートル前進すると、その場所と一メートル後ろにいたときとは見える風景が違います。

「できない」と思って見ていた風景とは違っています。

次の一歩を行くと、また違う風景が見えてきます。

さほど劇的には変わりません。でも文句を言わずに続けてください。「できない」は「できそう」に変わるかもしれません。

一歩踏み出して失敗だったら、それがその時その時の自分のベストだったと思ってください。

それでも、一メートルずつ踏み出して、そのたびに「ああ、なるほど」と面白いように景色が違ってきます。

進むたびに世界が少しずつ広がります。

一〇〇メートル前進すれば、世界の景色がまったく違って見えます。

だから、とにかく今、一歩進みましょう。横でも縦でも、どこにでも。

この本を読んだあとは、さっそくあなたの人生を一歩前に進める勇気を持とう。

「Do your Best !」

あとがき

これまで多くの本を上梓《じょうし》してきましたが、もういい加減にやめたらどうだ、と自重する気持ちがありました。

ところが、そう決めた端《はな》から新しい着想が次々に湧いてきます。世の中に言いたいことも途切れることなく出てきます。

これまで著書を通じて「死ぬまで努力」「死ぬほど読書」と訴えてきました。本書でも「生きている限り努力を怠るな」「いつでもどこでもベストを尽くせ」と書いています。

ならば「死ぬまで著述」「死ぬほど執筆」でもいいんじゃないか、いやむしろ、そうあるべきではないか、そう思うに至りました。

今もっとも気になっているのは、世の中にウソが横行していることです。

ウクライナ戦争を例に持ち出すまでもありません。フェイクニュースやポスト・トゥルースという言葉が広まるに伴って、マスメディアでもSNSでも、いい加減な情報がそこらじゅうに飛び交っています。

ウソをつく相手は不特定多数。大人のまねをして、子どもたちまで平気でウソをつくようになりました。しかも自分をウソつきだとは思っていない。他人ばかりか自分さえもごまかしているのです。

あるいはウソと知っていても、何事もないかのように知らん顔を決め込んでいる。そんなとんでもない世界になっています。

政界、官界、財界にもウソがはびこっています。私はその三つの世界に関与してきた数少ない人間ですが、私自身はウソと闘ったことはあっても、自分にウソをついたことはありません。そんなことを言えば、

「所詮は勝ち戦をした人間の自慢話だろう」

という声が聞こえてきそうです。そうした見方も甘んじて受け入れなくてはならない

でしょう。成功者や勝利者がどんな言葉を吐こうとも、それは自慢話の弊《へい》を免《まぬか》れることはできないからです。

それだけに、私の中には自分にとって良いことや成功話を書くことを今も恥ずかしく思う気持ちがあります。

それは、言ってみれば「勝ち戦をした人間の恥じらい」です。どこか居たたまれない、けれども決してやましい気持ちではありません。

もうそろそろ書くのはやめたいけれど、敢《あ》えて書く。

なぜ書くか。どうしても伝えたいこと、伝えなければならないことがあるからです。

たとえば、ウソは泥棒の始まり、やがては戦争にまで至る危険性をはらむ罪悪であり悪徳であることを伝えていかなければなりません。

一つのウソが一人の人生を暗くし、やがて世界を暗くします。

平然とウソをつくすべての責任はブーメランのごとく自分に返ってくることを心に刻み、子どもや孫の世代が明るい人生を送ることを心より願い、筆を擱《お》くことにします。

久しぶりに冬から春夏と長時間かけていろんな角度からお話しすることができました。その間、多くの方々にご協力いただきました。最後になりましたが、関係者の皆さんに心より御礼申し上げます。

丹羽宇一郎

本文構成／片岡義博
編集協力／岡村啓嗣（メディアプレス）

丹羽宇一郎 にわ・ういちろう
元伊藤忠商事株式会社会長、元中華人民共和国特命全権大使。1939年、愛知県生まれ。名古屋大学法学部を卒業後、伊藤忠商事に入社。1998年、社長に就任。1999年、約4000億円の不良資産を一括処理し、翌年度の決算で同社史上最高益(当時)を記録。2004年、会長に就任。内閣府経済財政諮問会議議員、内閣府地方分権改革推進委員会委員長、日本郵政取締役、国際連合世界食糧計画（WFP)協会会長などを歴任し、2010年、民間出身では初の駐中国大使に就任。現在、公益社団法人日本中国友好協会会長、一般社団法人グローバルビジネス学会名誉会長、福井県立大学客員教授、伊藤忠商事名誉理事。著書に『仕事と心の流儀』『社長って何だ！』『部長って何だ！』『会社がなくなる！』（以上、講談社現代新書)、『死ぬほど読書』『人間の本性』『人間の器』(以上、幻冬舎新書)など多数。

朝日新書
879
生《い》き方《かた》の哲学《てつがく》

2022年 9 月30日 第 1 刷発行

著　者　丹羽宇一郎

発行者　三宮博信
カバーデザイン　アンスガー・フォルマー　田嶋佳子
印刷所　凸版印刷株式会社
発行所　朝日新聞出版
〒104-8011　東京都中央区築地 5-3-2
電話　03-5541-8832（編集）
　　　03-5540-7793（販売）

Published in Japan by Asahi Shimbun Publications Inc.
ISBN 978-4-02-295186-1
定価はカバーに表示してあります。

落丁・乱丁の場合は弊社業務部（電話03-5540-7800）へご連絡ください。
送料弊社負担にてお取り替えいたします。

生き方の哲学

丹羽宇一郎

伊藤忠商事の経営者と中国大使を務めた丹羽氏。巨額の特別損失計上、悪化する日中関係の逆風など、常に危機と向き合ってきた丹羽氏には「自分の心に忠実に生きる」という生き方の哲学がある。こんな時代にこそ大切な、生きる芯としての哲学の身につけ方を真摯に語る一冊。

ワンランク上の大学攻略法
新課程入試の先取り最新情報

木村　誠

「狙い目の学部」を究めれば、上位の大学に合格できる！　早慶上理・MARCH・関関同立など有力私立大の学部別に異なる戦略や、新課程に合わせた出題傾向とその対策など、激変する入試の最新情報！　小論文の賢い書き方を伝授し、国公立大や医学部の攻略法も詳述する。

最強の思考法
フェアに考えればあらゆる問題は解決する

橋下　徹

日常生活でもビジネスでも、何が正解かわからない時代。ブレない主張、鉄壁の反論、実りある着地――「敵」に臆せず、自分も相手もただす「フェアの思考」が最強だ。政治家・法律家として数々の修羅場を勝ちぬいた著者が思考力の核心を初公開。論戦が苦手な人、結果を出したい人必読！